実況！空想武将研究所

もしも織田信長が校長先生だったら

小竹洋介・作
フルカワマモる・絵

集英社みらい文庫

はじめに

はじめまして！　空想武将研究所《くうそうぶしょうけんきゅうじょ》・所長《しょちょう》の小竹洋介《こだけようすけ》です。

とつぜんですが、みなさんの好《す》きな戦国武将《せんごくぶしょう》はだれですか？

織田信長《おだのぶなが》でしょうか。それとも豊臣秀吉《とよとみひでよし》でしょうか。もしくは、まだ好《す》きな武将《ぶしょう》なんていないという人《ひと》も多《おお》いかもしれませんね。

とはいえ、戦国時代《せんごくじだい》という乱世《らんせい》を戦《たたか》いぬき、歴史《れきし》に名《な》をのこした戦国武将《せんごくぶしょう》たちはだれであってもカッコいい存在《そんざい》です。

そんな武将《ぶしょう》たちはとっくの昔《むかし》になくなっていますが、ドラマ、マンガ、映画《えいが》となってたびたび現代《げんだい》によみがえっています。

しかし、もっとかんたんに戦国武将《せんごくぶしょう》たちをよみがえらせる方法《ほうほう》があります。それが空想《くうそう》です。ひとり頭《あたま》のなかで戦国武将《せんごくぶしょう》たちを思《おも》いうかべ、あれこれ空想《くうそう》することはとても楽《たの》しいものです。

わたしも小学生《しょうがくせい》のころからよく空想《くうそう》していました。

たとえば、戦国武将《せんごくぶしょう》のなかで友達《ともだち》にするならだれがいちばんいいかな？

そんなことを授業中《じゅぎょうちゅう》に目《め》を閉《と》じながら空想《くうそう》していたことがあります。そのときは先生《せんせい》に「こら、寝《ね》るな！」とおこられてしまいましたが、その時間《じかん》はとても幸《しあわ》せな気分《きぶん》だったことを覚《おぼ》えています。

そんなわたしはいまでもよく「もしも……」という言葉《ことば》をつかって戦国武将《せんごくぶしょう》たちについて空想《くうそう》をします。

そこで今回《こんかい》は助手《じょしゅ》のタローくんにも手伝《てつだ》ってもらい、戦国武将《せんごくぶしょう》にまつわる空想《くうそう》を集《あつ》めてみました。

本編《ほんぺん》にはいろんな戦国武将《せんごくぶしょう》が登場《とうじょう》しますので、まだ好《す》きな武将《ぶしょう》がいないという人《ひと》はぜひ、見《み》つけてくださいね。

それではみなさん、戦国武将《せんごくぶしょう》の「もしも……」をいっしょに空想《くうそう》していきましょう。

第《だい》1章《しょう》 空想武将小学校《くうそうぶしょうしょうがっこう》編《へん》

もしも、織田信長《おだのぶなが》が校長先生《こうちょうせんせい》だったら？

もしも、明智光秀《あけちみつひで》が学級担任《がっきゅうたんにん》だったら？

もしも、豊臣秀吉《とよとみひでよし》が学級担任《がっきゅうたんにん》だったら？

もしも、毛利元就《もうりもとなり》が学級担任《がっきゅうたんにん》だったら？

もしも、徳川家康《とくがわいえやす》が学級担任《がっきゅうたんにん》だったら？

もしも、伊達政宗《だてまさむね》が学級担任《がっきゅうたんにん》だったら？

もしも、ペリーが学級担任《がっきゅうたんにん》だったら？

もしも、前田利家《まえだとしいえ》が学級担任《がっきゅうたんにん》だったら？

もしも、武田信玄《たけだしんげん》が学級担任《がっきゅうたんにん》だったら？

もしも、上杉謙信《うえすぎけんしん》が学級担任《がっきゅうたんにん》だったら？

第《だい》2章《しょう》 空《くう》想《そう》教《きょう》科《か》書《しょ》編《へん》

54

もしも、**織田信長《おだのぶなが》**が**鉄砲《てっぽう》**をつかっていなかったら？

もしも、**武田信玄《たけだしんげん》**の**「風林火山《ふうりんかざん》」**に**1文字《もじ》**加《くわ》えるなら？

もしも、**織田信長《おだのぶなが》**が**本能寺《ほんのうじ》の変《へん》**で死《し》んでいなかったら？

もしも、**毛利元就《もうりもとなり》**の**「三本《さんぼん》の矢《や》」**が折《お》れていたら？

もしも、**千利休《せんのりきゅう》**の**お茶《ちゃ》**がまずかったら？

もしも、**大坂城《おおさかじょう》**が**あべのハルカス級《きゅう》**の高《たか》さだったら？

もしも、**上杉謙信《うえすぎけんしん》**が**義《ぎ》の武将《ぶしょう》**ではなかったら？

第《だい》3章《しょう》 空想《くうそう》タイムスリップ編《へん》

90

もしも、戦国武将《せんごくぶしょう》でサッカー日本代表《にほんだいひょう》イレブンをつくったら？

もしも、戦国武将《せんごくぶしょう》で野球日本代表《やきゅうにほんだいひょう》ナインをつくったら？

もしも、織田信長《おだのぶなが》が内閣総理大臣《ないかくそうりだいじん》で戦国武将《せんごくぶしょう》が大臣《だいじん》だったら？

もしも、戦国武将《せんごくぶしょう》がショッピングモールで働《はたら》いていたら？

もしも、戦国武将《せんごくぶしょう》がYouTuber《ユーチューバー》だったら？

もしも、戦国武将《せんごくぶしょう》がオリンピック選手《せんしゅ》だったら？

第《だい》4章《しょう》 空想武将《くうそうぶしょう》なんでもランキング

いちばん教科書《きょうかしょ》で落書《らくが》きされた武将《ぶしょう》はだれだ？

いちばんバレンタインチョコをもらえる武将《ぶしょう》はだれだ？

いちばんおもしろい武将《ぶしょう》はだれだ？

いちばん型《かた》やぶりな武将《ぶしょう》はだれだ？

いちばんケンカが強《つよ》い武将《ぶしょう》はだれだ？

いちばんダサいあだ名《な》の武将《ぶしょう》はだれだ？

第《だい》1章《しょう》　空《くう》想《そう》武《ぶ》将《しょう》小《しょう》学《がっ》校《こう》編《へん》

ここではもしも戦国武将《せんごくぶしょう》が小学校《しょうがっこう》の先生《せんせい》だったら、
どんな学校《がっこう》になるかを空想《くうそう》していくゾ！
みんなの学校《がっこう》の先生《せんせい》はどんな先生《せんせい》たちじゃ？
マジメな先生《せんせい》かな？　やさしい先生《せんせい》かな？
それともこわい先生《せんせい》かな？　おもしろい先生《せんせい》だといいな！
もしも戦国武将《せんごくぶしょう》が先生《せんせい》だったら、みんなの学校《がっこう》とは
ぜんぜんちがったとんでもない学校《がっこう》になるはずじゃ！
どの武将《ぶしょう》のクラスにはいりたいか考《かんが》えながら読《よ》んでくれ!!

どの武将《ぶしょう》が
担任《たんにん》の先生《せんせい》
だったら
楽《たの》しいかな～？

もしも、織田信長《おだのぶなが》が校長先生《こうちょうせんせい》だったら？

ズバリ！

最先端《さいせんたん》の教育環境《きょういくかんきょう》！ しかし、本能寺《ほんのうじ》の変《へん》の悲劇《ひげき》がふたたび…!?

■もしも、織田信長《おだのぶなが》が校長先生《こうちょうせんせい》だったら？

短気《たんき》でおこりっぽかった織田信長《おだのぶなが》は、あたらしいもの好《ず》きとしても有名《ゆうめい》な武将《ぶしょう》で、外国《がいこく》のあたらしい品物《しなもの》や文化《ぶんか》を積極的《せっきょくてき》に受《う》けいれていました。もしも、そんな信長《のぶなが》が校長《こうちょう》だったら、最新《さいしん》の技術《ぎじゅつ》や設備《せつび》をとりいれた世界最先端《せかいさいせんたん》の学校《がっこう》をつくるでしょう。

長篠《ながしの》の戦《たたか》いで鉄砲《てっぽう》の「3段《だん》うち」という新戦法《しんせんぽう》をあみだした信長《のぶなが》。このときつかった鉄《てっ》砲《ぽう》は、南蛮貿易《なんばんぼうえき》によって外国《がいこく》から手《て》にいれた最新《さいしん》アイテムのひとつでした。あたらしいもの、めずらしいものを好《この》んだ信長《のぶなが》が校長《こうちょう》ですから、学校《がっこう》の設備《せつび》などもどんどん最新《さいしん》のモノに変《か》えていくでしょう。

教室《きょうしつ》のトビラはすべて自動《じどう》ドア。黒板《こくばん》は巨大《きょだい》なタッチパネル。教科書《きょうかしょ》はすべて電子書籍《でんししょせき》になります。そのなかでも、大《おお》きく変《か》わるのが先生《せんせい》です。信長校長《のぶながこうちょう》は、先生《せんせい》をすべてロボットにします。

最新技術《さいしんぎじゅつ》でつくられた先生《せんせい》ロボは、国語《こくご》、算数《さんすう》、理科《りか》、社会《しゃかい》など、すべてがプログラミングされた最強《さいきょう》の1台《だい》です。信長校長《のぶながこうちょう》はほかにも、おそうじロボや日直《にっちょく》ロボなども積極的《せっきょくてき》にとりいれるでしょう。

「所長《しょちょう》、ボクはみんなを楽《たの》しませてくれる休《やす》み時間《じかん》ロボがほしいです」

「ハハハ、そんな助手《じょしゅ》のタローくんにうってつけのロボットがあるぞ」

「本当《ほんとう》ですか？」

「ズバリ、みんなの給食《きゅうしょく》の時間《じかん》をもりあげる〝牛乳《ぎゅうにゅう》カンパイ係《がかり》、田中《たなか》くんロボ〟じゃ。田《た》中《なか》くんロボさえあれば、きっと毎日《まいにち》の給食《きゅうしょく》が楽《たの》しくなるぞ」

（※『牛乳《ぎゅうにゅう》カンパイ係《がかり》、田中《たなか》くん』＝みらい文庫《ぶんこ》刊《かん》の笑《わら》って泣《な》ける感動《かんどう》おもしろ作品《さくひん》）

先生《せんせい》ロボは24時間《じかん》働《はたら》いています。そのため、もし休《やす》みの日《ひ》に家《いえ》で勉強《べんきょう》していて、わからないことがあれば、メールを送《おく》るといいでしょう。すぐに教《おし》えてくれますし、電話《でんわ》で話《はなし》も聞《き》いてくれます。

そんなとても便利《べんり》な先生《せんせい》ロボですが、メンテナンスだけはしっかりとしておかなければいけません。もしもそれをおこたると、たいへんなことになります。

かつて信長《のぶなが》は家臣《かしん》の明智光秀《あけちみつひで》に裏切《うらぎ》られ、「本能寺《ほんのうじ》の変《へん》」をおこされました。光秀《みつひで》はその際《さい》、

【敵《てき》は本能寺《ほんのうじ》にあり！】

といって信長《のぶなが》をおそったそうです。このとき信長《のぶなが》は光秀《みつひで》にやられる前《まえ》に、みずから本能《ほんのう》寺《じ》に火《ひ》をつけ、自害《じがい》したといわれています。

こんな裏切《うらぎ》りがロボットだからないとはいいきれません。24時《じ》間《かん》休《やす》みなく働《はたら》いているにもかかわらず、日《ひ》ごろのメンテナンスをおこたると、ロボットもいつかは故障《こしょう》して誤作動《ごさどう》がおこります。

「ヨク　キキトレマセン　デシタ」

といって、先生《せんせい》が授業中《じゅぎょうちゅう》に遊《あそ》びはじめたり、信長校長《のぶながこうちょう》のいうことなどまったく聞《き》かなくなったりしてしまうでしょう。さらには、

「テキハ　コウチョウシツニ　アリ！」

といいだし、信長校長《のぶながこうちょう》をおそう「校長室《こうちょうしつ》の変《へん》」をおこしてしまう危険性《きけんせい》も……。

ロボットたちのはん逆《ぎゃく》に短気《たんき》な信長校長《のぶながこうちょう》はイライラが爆発《ばくはつ》して、

「もうよい、先生《せんせい》ロボはみんなクビじゃ。人間《にんげん》にもどせ！」

といってすべて人間《にんげん》の先生《せんせい》にもどしてしまうでしょう。

そうなってしまうと「本能寺《ほんのうじ》の変《へん》」ならぬ「本当《ほんとう》にたいへん」です（笑《わらい》）。

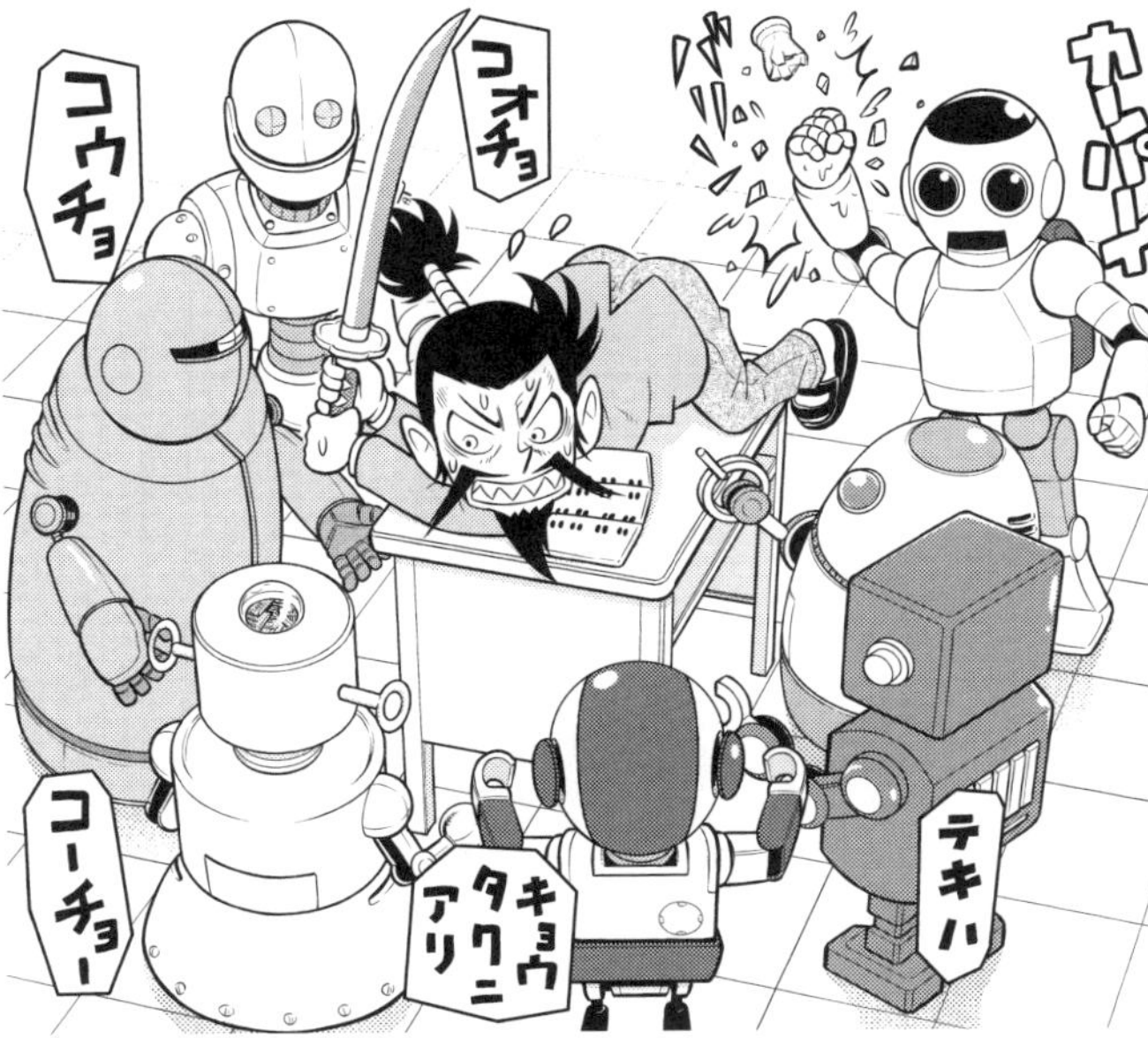

あたらしいもの好《ず》きの信長《のぶなが》校長《こうちょう》の学校《がっこう》は、日本《にほん》で初《はじ》めてロボットをとりいれた学校《がっこう》として有名《ゆうめい》になりますが、故障《こしょう》が多《おお》くなると、すぐクビにするので、あまり長《なが》つづきはしないでしょう。

しかし、どの学校《がっこう》よりもはやく世界最先端《せかいさいせんたん》のモノをつかうことができるので、時代《じだい》の最先端《さいせんたん》をになうスーパーエリート小学生《しょうがくせい》が育《そだ》ちます。それが信長《のぶなが》校長《こうちょう》の学校《がっこう》です。

もしも、明智光秀《あけちみつひで》が学級担任《がっきゅうたんにん》だったら？
ズバリ！
1にガマン、2にガマン！
そんな光秀《みつひで》学級《がっきゅう》の時間割《じかんわり》は…!?
研
空想研究

■もしも、明智光秀《あけちみつひで》が学級担任《がっきゅうたんにん》だったら？

「本能寺《ほんのうじ》の変《へん》」をおこした明智光秀《あけちみつひで》は、織田信長《おだのぶなが》にいじめられてもガマンしつづけたとても忍耐強《にんたいづよ》い武将《ぶしょう》でした。そんな光秀《みつひで》が担任《たんにん》の学級《がっきゅう》は、なにがあってもガマンしてやりとげなければならない学級《がっきゅう》になるでしょう。

光秀《みつひで》の性格《せいかく》をあらわすつぎの言葉《ことば》があります。

【鳴《な》かぬなら　私《わたし》が泣《な》こう　ホトトギス】

みんながいやがってしないことをガマンしてやりつづけた光秀《みつひで》。そんな彼《かれ》が担任《たんにん》ですから、光秀学級《みつひでがっきゅう》ではとにかく忍耐力《にんたいりょく》がためされます。

忍耐強《にんたいづよ》さをもとめる光秀先生《みつひでせんせい》は、生徒《せいと》たちにあえて苦手《にがて》なことばかりさせるでしょう。なぜなら、好《す》きなことは何時間《なんじかん》でもつづけられますが、苦手《にがて》なことをつづけるためにはガマンが必要《ひつよう》になるからです。

「タローくんの苦手《にがて》な科目《かもく》はなんじゃ？」

「苦手《にがて》な科目《かもく》は算数《さんすう》です……」

「そんなタローくんが光秀学級《みつひでがっきゅう》にはいったら、時間割《じかんわり》は算数《さんすう》ばかりになるでしょう！」

「えええ！」

まず、1時間目《じかんめ》は計算問題《けいさんもんだい》。机《つくえ》の上《うえ》に大量《たいりょう》の計算《けいさん》ドリルがつみあげられ、1時間目《じかんめ》のチャイムが鳴《な》ると同時《どうじ》にといていかなければなりません。もちろん、わからないからといってあきらめたりはせず、ねばり強《づよ》くとりくみましょう。

2時間目《じかんめ》は文章問題《ぶんしょうもんだい》。ここではまず、文章《ぶんしょう》をしっかりと理解《りかい》できなければなりませんから、光秀先生《みつひでせんせい》は国語《こくご》の授業《じゅぎょう》も同時《どうじ》におこないます。国語《こくご》も苦手《にがて》だった場合《ばあい》、2時間目《じかんめ》はさいあくの時間《じかん》になるでしょう。

そして、3時間目《じかんめ》は図形問題《ずけいもんだい》。こんどは図工《ずこう》の授業《じゅぎょう》を同時《どうじ》におこないます。光秀先生《みつひでせんせい》は、まずハサミと画用紙《がようし》で図形《ずけい》の長方体《ちょうほうたい》、立方体《りっぽうたい》をつくらせて、それをつかってていねいに教《おし》えてくれます。じつはとてもマジメでやさしい光秀先生《みつひでせんせい》のことですから、算数《さんすう》の苦手《にがて》な生《せい》徒《と》に対《たい》して、こうした工夫《くふう》のある授業《じゅぎょう》もしてくれるはずです。

そして、4時間目《じかんめ》はテストです。1時間目《じかんめ》から学《まな》んできたことの集大成《しゅうたいせい》になります。ここでよい点数《てんすう》をとれなければ、昼休《ひるやす》みも算数《さんすう》の補習授業《ほしゅうじゅぎょう》を受《う》けなければなりません。そして5、6時間目《じかんめ》は4時間目《じかんめ》に受《う》けたテストのこたえあわせです。

このように光秀学級《みつひでがっきゅう》ではとにかく苦手科目《にがてかもく》づくしの1日《にち》になります。

「所長《しょちょう》、ボクの好《す》きな歴史《れきし》の授業《じゅぎょう》はないのですか？」

「ありません。ずっとガマンして苦手科目《にがてかもく》だけを勉強《べんきょう》しなければなりません」

「えええ！（おそるべし、光秀先生《みつひでせんせい》……）」

光秀学級《みつひでがっきゅう》では、苦手科目《にがてかもく》の連続《れんぞく》にたえきれず、泣《な》きだしてしまう生徒《せいと》もいるかもしれません。まさしく、

【鳴《な》かぬなら　私《わたし》が泣《な》こう　ホトトギス】

この言葉《ことば》どおり、泣《な》きたくなるほどつらい学級《がっきゅう》になるでしょう。

光秀学級《みつひでがっきゅう》では苦手《にがて》なことばかりさせられるため、忍耐力《にんたいりょく》が必要《ひつよう》となりますが、ガマン強《づよ》くとりくんでいれば、いつか苦手科目《にがてかもく》が得意科目《とくいかもく》に変《か》わるかもしれません。しかし、もともと得意《とくい》だった科目《かもく》の勉強《べんきょう》はいっさいできませんので、気《き》を抜《ぬ》くと、こんどはそちらが不《ふ》得意科目《とくいかもく》になってしまうかも。そんなガマン学級《がっきゅう》が光秀学級《みつひでがっきゅう》です。

もしも、
豊臣秀吉《とよとみひでよし》が学級担任《がっきゅうたんにん》
だったら？

ズバリ！

おもしろ授業《じゅぎょう》がてんこもり！
時間割《じかんわり》には【漫才《まんざい》】の授業《じゅぎょう》も…!?

■もしも、豊臣秀吉《とよとみひでよし》が学級担任《がっきゅうたんにん》だったら？

農民《のうみん》から天下人《てんかびと》となったため、「戦国一《せんごくいち》の出世《しゅっせ》がしら」と呼《よ》ばれる豊臣秀吉《とよとみひでよし》。主君《しゅくん》である織田信長《おだのぶなが》から命《めい》じられたどんな無理難題《むりなんだい》にもこたえたアイデアマンで、独創性《どくそうせい》にあふれた武将《ぶしょう》でした。そんな秀吉先生《ひでよしせんせい》が担任《たんにん》ですから、授業《じゅぎょう》もほかのクラスにはないユニークなものばかりで、とても楽《たの》しいクラスになるでしょう。

秀吉先生《ひでよしせんせい》の名言《めいげん》のひとつにつぎのような言葉《ことば》があります。

【人《ひと》の意見《いけん》を聞《き》いてからでる知恵《ちえ》は、本当《ほんとう》の知恵《ちえ》ではない】

これは人《ひと》の意見《いけん》にたよるのではなく、自分《じぶん》の頭《あたま》で考《かんが》えて行動《こうどう》することが大切《たいせつ》だという意《い》味《み》です。この言葉《ことば》どおり、秀吉先生《ひでよしせんせい》は自分《じぶん》で考《かんが》え、工夫《くふう》した特別授業《とくべつじゅぎょう》をするでしょう。

たとえば【韓国語《かんこくご》】の授業《じゅぎょう》。かつて秀吉《ひでよし》は朝鮮出兵《ちょうせんしゅっぺい》といっていまの韓国《かんこく》に兵《へい》を送《おく》ったことがありました。そんな秀吉先生《ひでよしせんせい》のことですから、国際的《こくさいてき》なコミュニケーション力《りょく》をきたえるために、韓国語《かんこくご》の授業《じゅぎょう》をとりいれます。

「所長《しょちょう》は知《し》っている韓国語《かんこくご》などはありますか？」

「もちろんじゃ。キムチ、ユッケ、カルビ、チヂミ、ハンリューアイドル……」

「ほとんど食《た》べ物《もの》ばっかり！（しかも、さいごのひとつは日本語《にほんご》だし……）」

秀吉先生《ひでよしせんせい》は韓国人《かんこくじん》の先生《せんせい》を招《まね》いたり、韓国料理《かんこくりょうり》のパーティーをひらいたりして、楽《たの》しく教《おし》えてくれるでしょう。

つづいては【マンガ】の授業《じゅぎょう》。マンガを読《よ》んだり、かいたりすることで想像力《そうぞうりょく》や会話力《かいわりょく》をきたえる授業《じゅぎょう》です。

「それはいい授業《じゅぎょう》ですね。小学生《しょうがくせい》のときから英才教育《えいさいきょういく》しておくと、将来《しょうらい》『週刊少年《しゅうかんしょうねん》ジャンプ』で連載《れんさい》を持《も》つようなすごいマンガ家《か》が誕生《たんじょう》するかもしれませんね！」

そして、つぎは【漫才《まんざい》】の授業《じゅぎょう》。ボケとツッコミで、ユーモアや頭《あたま》の回転《かいてん》の速《はや》さをきたえる授業《じゅぎょう》です。

「ここで助手《じょしゅ》のタローくんに質問《しつもん》じゃ。秀吉《ひでよし》がおこなった政策《せいさく》のなかに○○○狩《が》りというものがありますが、この○○○にはいる言葉《ことば》はなんでしょうか？」

「そんなのかんたんですよ。ズバリ、カ・タ・ナ（刀《かたな》）狩《が》りです」

「なんでやねん！」

「ど、どうしたのですか所長《しょちょう》！」

「これは『漫才《まんざい》』の授業《じゅぎょう》やんけ。マジメにこたえてどないすんねん！　ちゃんとボケんかい。○○狩《が》りとはなんでしょうか？」

「えーと、ブ・ド・ウ狩《が》りでしょうか」

「なんでやねん！　ブドウ狩《か》ってどないすんねん！　ブドウ食《た》べとる場合《ばあい》か！」

「す、すごいツッコミ……。（でもなぜ、所長《しょちょう》はツッコミのときだけ関西弁《かんさいべん》に？）」

ちなみに秀吉《ひでよし》がおこなった「刀狩《かたなが》り」とは、農民《のうみん》たちから刀《かたな》ややりといった武器《ぶき》をとりあげた政策《せいさく》のことです。これによって秀吉《ひでよし》は農民《のうみん》の反乱《はんらん》をおさえるとともに、農民《のうみん》と武士《ぶし》をわける「兵農分離《へいのうぶんり》」をすすめたとされています。

じつは、秀吉学級《ひでよしがっきゅう》がユニークな授業《じゅぎょう》ばかりなのも「刀狩《かたなが》り」ならぬ「ふでばこ狩《が》り」をおこなったためです。鉛筆《えんぴつ》や消《け》しゴムをとりあげ、黒板《こくばん》をつかわない授業《じゅぎょう》にきりかえた秀《ひで》吉学級《よしがっきゅう》では、授業《じゅぎょう》がおもしろいため、生徒《せいと》たちはいつも楽《たの》しそうでしょう。

しかし、そんな秀吉学級《ひでよしがっきゅう》もあるときだけは、生徒《せいと》たちから笑顔《えがお》が消《き》えます。それはテストのときです。残念《ざんねん》ながら秀吉学級《ひでよしがっきゅう》では、国語《こくご》、算数《さんすう》、理科《りか》、社会《しゃかい》などの授業《じゅぎょう》はしないので、学力《がくりょく》テストではみんな低《ひく》い得点《とくてん》しかとれず、成績《せいせき》は学年《がくねん》で最下位《さいかい》になってしまうかも

しれません。ほかの学級《がっきゅう》のみんなができる算数《さんすう》の計算《けいさん》ができなかったり、漢字《かんじ》が書《か》けなかったりしてしまうこともありそうです。

しかし、秀吉先生《ひでよしせんせい》はそれでもよしとするでしょう。

【人《ひと》の意見《いけん》を聞《き》いてからでる知恵《ちえ》は、本当《ほんとう》の知恵《ちえ》ではない】という言葉《ことば》どおり、常識《じょうしき》にとらわれず、オリジナリティゆたかでおもしろい生徒《せいと》が育《そだ》つ。それが秀吉学級《ひでよしがっきゅう》です。

もしも、毛利元就《もうりもとなり》が学級担任《がっきゅうたんにん》だったら？

ズバリ!

「三本《さんぼん》の矢《や》の教《おし》え」で最強《さいきょう》のチームワークを学《まな》ぶが、大《おお》きな弱点《じゃくてん》が…!?

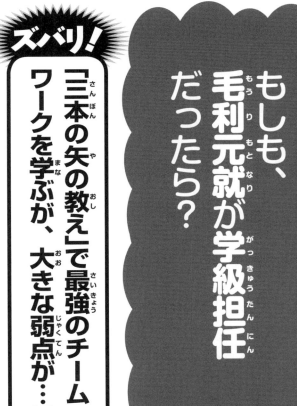

■もしも、毛利元就《もうりもとなり》が学級担任《がっきゅうたんにん》だったら？

毛利家《もうりけ》をたった一代《だい》で中国地方最大《ちゅうごくちほうさいだい》の戦国大名《せんごくだいみょう》にした毛利元就《もうりもとなり》。彼《かれ》が３人《にん》の息子《むすこ》に対《たい》し、協力《きょうりょく》しあうことの大切《たいせつ》さを教《おし》えた『三本《ぼん》の矢《や》の教《おし》え』は有名《ゆうめい》です。そんな元就《もとなり》が担任《たんにん》の学《がっ》級《きゅう》は、３人《にん》の団結力《だんけつりょく》がもとめられる学級《がっきゅう》になります。

元就《もとなり》は「毛利《もうり》」という家名《かめい》を守《まも》るため、３人《にん》の息子《むすこ》たちが一致団結《いっちだんけつ》することをのぞみました。そこで３兄弟《きょうだい》を呼《よ》びだし、つぎのようにいいました。

【1本《いっぽん》の矢《や》ではすぐに折《お》れてしまうが、３本《ぼん》の矢《や》が束《たば》になればなかなか折《お》れることはない。それと同《おな》じで、ひとりひとりでは弱《よわ》いが、３人《にん》が協力《きょうりょく》してひとつになれば強《つよ》くなる】

これが『三本《ぼん》の矢《や》の教《おし》え』です。３兄弟《きょうだい》は元就《もとなり》のこの教《おし》えをさいごまで守《まも》りとおしたといいます。こんなことをいう元就《もとなり》が担任《たんにん》ですから、学級《がっきゅう》も３人班《にんはん》が基本《きほん》です。さらにより団結力《だんけつりょく》を高《たか》めるため、元就先生《もとなりせんせい》は３人班《にんはん》に対《たい》し、つねに３人《にん》４脚《きゃく》での行動《こうどう》をてっていさせるでしょう。

「つまり、その３人《にん》は一心同体《いっしんどうたい》というわけですね」

「そのとおり。３人《にん》はなにをするにも足《あし》なみをそろえなければなりません」

たとえば体育《たいいく》の授業《じゅぎょう》でバスケットボールの３on３《スリーオンスリー》をしたとしましょう。３人《にん》４脚《きゃく》では３人《にん》の息《いき》があわないと前《まえ》へすすむことすらできません。そのため、かけ声《ごえ》がとても大切《たいせつ》になります。移動《いどう》するときは「１・２、１・２」と声《こえ》をそろえ、ジャンプするときは「せーの」という声《こえ》にあわせていっしょにとびます。このように、３人《にん》の動《うご》きをあわせるためにもいろんなかけ声《ごえ》をつくるといいでしょう。

前《まえ》へすすむときは「すすめ！」、うしろにさがるときは「さがれ！」などとこまかなかけ声《ごえ》をつくって動《うご》くことが団結《だんけつ》のポイントになります。もちろん、かけ声《ごえ》は３人《にん》さえ意味《いみ》がわかればなんでもよいので、少《すこ》し変《か》わったかけ声《ごえ》をつくることで、相手《あいて》をほんろうすることもできます。

「タローくん、たとえば戦国風《せんごくふう》かけ声《ごえ》というのはどうじゃろう？」

「戦国風《せんごくふう》かけ声《ごえ》ですか？」

まずは『であえ、であえ！』のかけ声《ごえ》で相手《あいて》をがっちりマーク。ボールをうばうと、こんどは『出陣《しゅつじん》じゃ！』のかけ声《ごえ》で一気《いっき》に攻《せ》めこむ。そしてさいごは『えい、えい、おー！』のかけ声《ごえ》にあわせてシュートを打《う》つ（ちなみに、応援《おうえん》はラッパではなく、ほら貝《がい》じゃ！）。

「さすが所長《しょちょう》、ナイスアイデア！（でも、ちょっとハズカシイ！）」

このようなかけ声《ごえ》で動《うご》きをそろえることで、ようやくまともにプレーできるようになります。３人《にん》の息《いき》があってくると、まるでカベのような３枚《まい》ディフェンスもつくれますし、ジャンプがそろえばリバウンドも強《つよ》くなります。３人《にん》４脚《きゃく》は不自由《ふじゆう》ですが、そのかわり、手《て》は６本《ぽん》つかえますので、それをうまくつかいこなせば、華麗《かれい》なドリブルやフェイントも可能《かのう》になります（まるでマンガ『キン肉《にく》マン』のアシュラマンみたいじゃな！）。

ところが、３人《にん》の息《いき》があわないとさいあくです。３人《にん》のうち２人《ふたり》が右《みぎ》へいこうとしても、のこりの１人《ひとり》が左《ひだり》へいこうとすればころんでしまいます。ジャンプするときも、１人《ひとり》がとびおくれると３人《にん》そろって大転倒《だいてんとう》です。そうなると、３人《にん》の仲《なか》はだんだんとわるくなり、口《くち》もきかなくなってしまうでしょう。

元就学級《もとなりがっきゅう》では３人《にん》による人間関係《にんげんかんけい》のすばらしさも学《まな》べれば、そのこわさも学《まな》べます。うまくいけば『三本《ぼん》の矢《や》の教《おし》え』のように団結力《だんけつりょく》の強《つよ》い３人組《にんぐみ》になれますが、なにかのミスがきっかけで、とても仲《なか》のわるい３人組《にんぐみ》にもなってしまいます。そんな「３本《ぼん》の矢《や》」ならぬ「３人《にん》の和《わ》」が大事《だいじ》になる３人《にん》４脚学級《きゃくがっきゅう》が元就学級《もとなりがっきゅう》です。

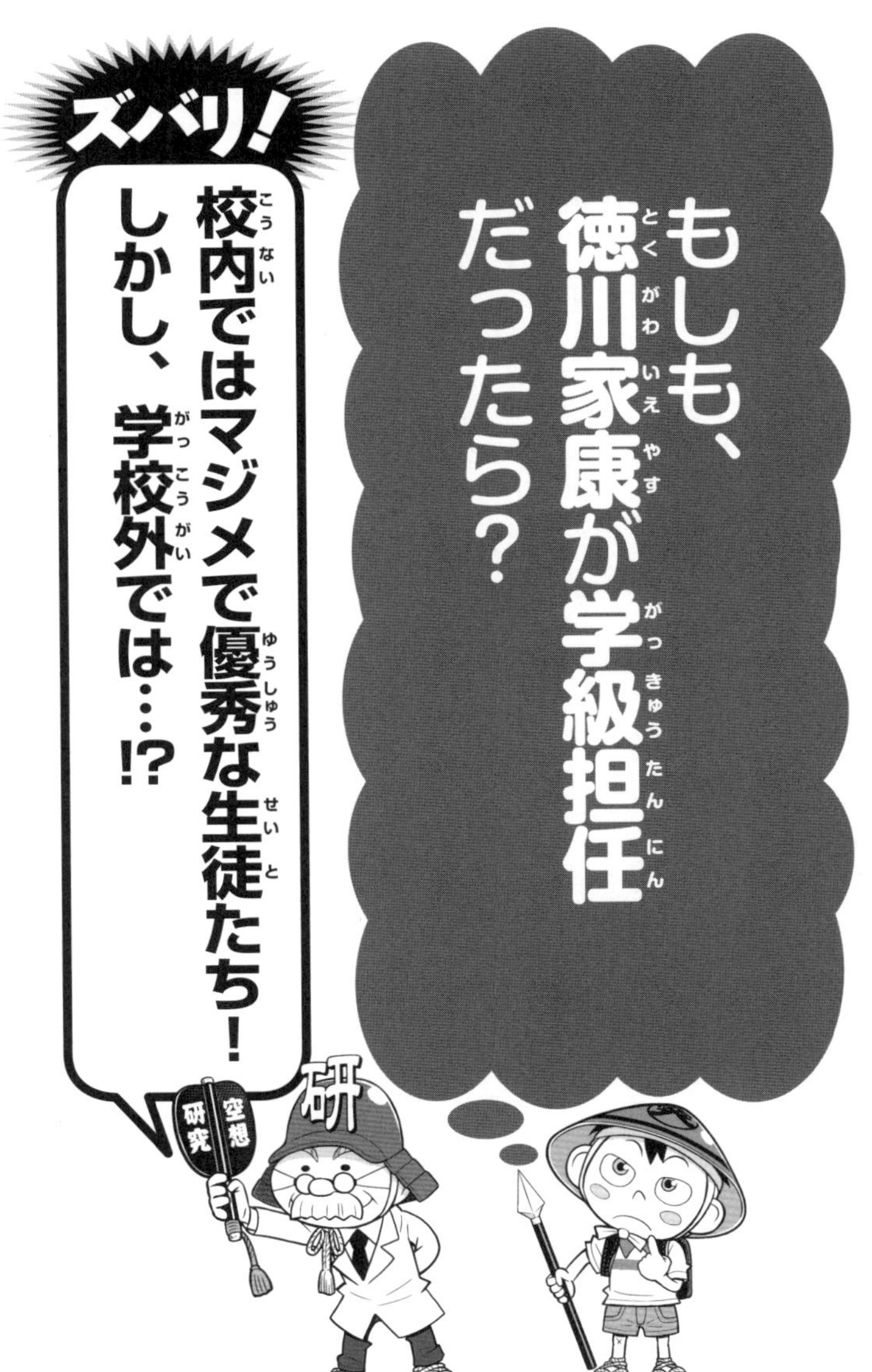
もしも、徳川家康《とくがわいえやす》が学級担任《がっきゅうたんにん》だったら？
ズバリ！
校内《こうない》ではマジメで優秀《ゆうしゅう》な生徒《せいと》たち！
しかし、学校外《がっこうがい》では…!?
研
空想研究

■もしも、徳川家康《とくがわいえやす》が学級担任《がっきゅうたんにん》だったら？

織田信長《おだのぶなが》や豊臣秀吉《とよとみひでよし》といった主君《しゅくん》に対《たい》し、忠実《ちゅうじつ》につかえていた徳川家康《とくがわいえやす》。しかし、その一方《いっぽう》で、天下人《てんかびと》になるチャンスをじっとうかがっていたずるがしこい武将《ぶしょう》でもありました。そんな家康先生《いえやすせんせい》が担任《たんにん》ですから、学校《がっこう》ではルールをきちんと守《まも》る評判《ひょうばん》のいい学級《がっきゅう》になります。

しかし、一歩《いっぽ》でも校外《こうがい》にでると、学校《がっこう》では見《み》せない姿《すがた》を見《み》せるでしょう。家康《いえやす》はそのずるがしこさから「タヌキ親父《おやじ》」と呼《よ》ばれていました。表《おもて》ではマジメでニコニコしているが、裏《うら》ではアレコレよくないことを考《かんが》えているという意味《いみ》で、人《ひと》をだます動物《どうぶつ》、タヌキにたとえられ、そう呼《よ》ばれました。

そんな家康先生《いえやすせんせい》が担任《たんにん》の学級《がっきゅう》は、学校《がっこう》ではとてもマジメです。校則《こうそく》はかならず守《まも》るでしょう。遅刻《ちこく》もしませんし、給食《きゅうしょく》の好《す》ききらいもなし。授業中《じゅぎょうちゅう》におしゃべりすることももちろんありません。家康先生《いえやすせんせい》が教室《きょうしつ》にはいってくると、シーンとしずまりかえります。

それでいて、いつも笑顔《えがお》で元気《げんき》いっぱい。そうじや日直《にっちょく》もいやな顔《かお》をすることなく、マジメにやります。

家康学級《いえやすがっきゅう》は休《やす》み時間《じかん》もマジメな話《はなし》ばかり。

「放課後《ほうかご》、いっしょに宿題《しゅくだい》やろうよ」

「ゴメン、今日《きょう》は塾《じゅく》があるからはやく帰《かえ》らなきゃ」

「そっか。じゃあ日曜日《にちようび》は？」

「日曜日《にちようび》だったらイイよ。たくさん勉強《べんきょう》しようね」

といった会話《かいわ》がほとんどです。こんな優等生《ゆうとうせい》のそろった家康学級《いえやすがっきゅう》が先生《せんせい》たちから評判《ひょうばん》がいいのはいうまでもありません。先生《せんせい》たちは家康学級《いえやすがっきゅう》の生徒《せいと》たちを信頼《しんらい》しています。

しかし、そんなマジメな姿《すがた》は学校《がっこう》にいるときだけです。家康学級《いえやすがっきゅう》の生徒《せいと》たちは校門《こうもん》を一歩外《いっぽそと》にでると、ガラリとキャラクターが変《か》わります。

かくしておいた自転車《じてんしゃ》で下校《げこう》し、駄菓子屋《だがしや》で買《か》い食《ぐ》いして、ゲームセンターにむかいます。また、言葉《ことば》づかいもとてもわるくなります。

「放課後《ほうかご》に宿題《しゅくだい》なんてやるわけねえだろ！」

「塾《じゅく》なんてダルくていってらんねえよ！」

とまるで別人《べつじん》になります。休《やす》みの日《ひ》も勉強《べんきょう》などせず、1日中遊《にちじゅうあそ》ぶでしょう。学校《がっこう》でのマジメな話《はなし》はすべてウソ。夜《よる》もお菓子《かし》を食《た》べながら、テレビ、ゲーム、マンガ、インターネットざんまいで夜《よ》ふかししています。

そんな不良生徒《ふりょうせいと》たちが、朝《あさ》、学校《がっこう》にくると一変《いっぺん》。校門《こうもん》を一歩《いっぽ》内《うち》にはいると、

「おはようございます！」

と、先生《せんせい》たちにハキハキしたあいさつをするのです。この変《か》わり身《み》のはやさこそ、家康《いえやす》学級《がっきゅう》ならぬタヌキ学級《がっきゅう》のとくちょうです。

ところが、遊《あそ》んでばかりいると、朝寝坊《あさねぼう》してしまったり、宿題《しゅくだい》を忘《わす》れたりする生徒《せいと》もあらわれます。もしそうなると、家康先生《いえやすせんせい》はとてもおこります。その日《ひ》の授業《じゅぎょう》はすべて中止《ちゅうし》にし、生徒《せいと》たちには、1時間目《じかんめ》から放課後《ほうかご》まで1週間分《しゅうかんぶん》の宿題《しゅくだい》をさせるでしょう。

「家康先生《いえやすせんせい》はとても教育熱心《きょういくねっしん》なかたですね！」

「さて、それはどうでしょう？」

「どういうことですか、所長《しょちょう》」

家康先生《いえやすせんせい》は生徒《せいと》たちに宿題《しゅくだい》をさせているあいだ、自分《じぶん》は職員室《しょくいんしつ》でお菓子《かし》を食《た》べながらマンガを読《よ》んだり、お酒《さけ》を飲《の》みながらスマホゲームをしたり、保健室《ほけんしつ》で昼寝《ひるね》までするでしょ

う。つまり、生徒《せいと》をおこったのは自分《じぶん》の休《やす》み時間《じかん》をつくるためだったのです。

「ぐぬぬ、やっぱり、いちばんのタヌキは家康先生《いえやすせんせい》だったのか……」

学校外《がっこうがい》では不《ふ》マジメに、学校内《がっこうない》ではマジメにすごす。それこそ、「タヌキ親父《おやじ》」こと家康先生《いえやすせんせい》の教《おし》えです。そのため、表《おもて》と裏《うら》の顔《かお》をつかいわける、世《よ》わたり上手《じょうず》なずるがしこい生徒《せいと》が育《そだ》つでしょう。それが家康学級《いえやすがっきゅう》ならぬタヌキ学級《がっきゅう》です。

もしも、伊達《だて》政宗《まさむね》が学級《がっきゅう》担任《たんにん》だったら？

ズバリ！

異性《いせい》にモテる〝モテ道《どう》〟を学《まな》び人気者《にんきもの》に！
政宗《まさむね》秘伝《ひでん》の〝モテ道《どう》〟の教《おし》えとは…!?

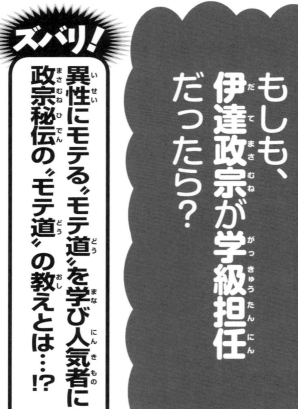

■もしも、伊達政宗《だてまさむね》が学級担任《がっきゅうたんにん》だったら？

三日月《みかづき》のカブト、右目《みぎめ》の眼帯《がんたい》、男気《おとこぎ》あふれるキャラクターで人気《にんき》の伊達政宗《だてまさむね》は、気配《きくば》り上手《じょうず》で、人《ひと》をよろこばせるパフォーマンスが得意《とくい》な武将《ぶしょう》でもありました。そんな政宗先生《まさむねせんせい》が担任《たんにん》の学級《がっきゅう》は、まるでアイドルのように学校中《がっこうじゅう》からモテモテになるでしょう。

政宗《まさむね》は料理《りょうり》が得意《とくい》でした。ゆかりの地《ち》である仙台《せんだい》の食文化《しょくぶんか》は彼《かれ》からはじまったといわれているほどで、来客《らいきゃく》があった際《さい》は、みずから客《きゃく》に料理《りょうり》をふるまったといいます。そんなおもてなしの精神《せいしん》を持《も》つ政宗《まさむね》は、手紙《てがみ》を書《か》いて送《おく》るのも好《す》きな武将《ぶしょう》でした。料理上手《りょうりじょうず》で、手紙上手《てがみじょうず》。そんなモテ要素《ようそ》にあふれた伊達男《だておとこ》・政宗《まさむね》が担任《たんにん》ですから、生徒《せいと》たちは「モテ道《どう》」を教《おし》えこまれることでしょう。

「所長《しょちょう》、『モテ道《どう》』とはいったいなんですか？」

「ズバリ、異性《いせい》にモテるための英才教育《えいさいきょういく》のことじゃ。モテ道《どう》には【料理《りょうり》】【手紙《てがみ》】【告白《こくはく》】といった異性《いせい》にアピールするための特別授業《とくべつじゅぎょう》がある」

「そ、そんなものが！」

「政宗先生直伝《まさむねせんせいじきでん》の『モテ道《どう》』を学《まな》べば、好《す》きな子《こ》ともかんたんに仲《なか》よくなれるぞ」

「うらやましい、政宗《まさむね》クラス……」

【料理《りょうり》】の授業《じゅぎょう》は、ただ料理《りょうり》をつくるだけではありません。いかにカッコよくつくるかがポイント。包丁《ほうちょう》で具材《ぐざい》を切《き》るとき、なべで煮《に》こむとき、もるとき、ずっと曲《きょく》にあわせておどりながらつくる料理法《りょうりほう》「ダンシング・クッキング」を教《おし》えこまれるでしょう。

【手紙《てがみ》】の授業《じゅぎょう》も同《おな》じく、カッコよさがもとめられます。内容《ないよう》もさることながら、手紙《てがみ》を書《か》くときの姿勢《しせい》も大切《たいせつ》です。紙《かみ》に手《て》をそえ、ヒジをつかず、ピンと背筋《せすじ》をのばす。そして片目《かため》を閉《と》じながらいきおいよく書《か》くのが独眼竜《どくがんりゅう》こと政宗先生直伝《まさむねせんせいじきでん》の書《か》きかたです。

さいごに【告白《こくはく》】。どれだけカッコよくても自分《じぶん》の思《おも》いを相手《あいて》につたえることができなければ意味《いみ》がありません。「モテ道《どう》」にとってもっとも大切《たいせつ》な授業《じゅぎょう》です。

「所長《しょちょう》だったら、好《す》きな子《こ》にどうやって好《す》きと告白《こくはく》しますか？」

「わしなら、まずはお弁当《べんとう》とラブレターで相手《あいて》の気持《きも》ちをグッと自分《じぶん》に近《ちか》づける」

「なるほど！　さっそく【料理《りょうり》】【手紙《てがみ》】の授業《じゅぎょう》の出番《でばん》というわけですね。それで【告白《こくはく》】ではいったいなにを？」

「ズバリ、さいごはとにかくド派手《はで》に告白《こくはく》じゃ。金《きん》ピカ衣装《いしょう》に、三日月《みかづき》のカブト、右目《みぎめ》には眼帯《がんたい》をつけておどりまくる！　これぞ、求愛《きゅうあい》のダンス（イエーイ、アイシテルゼ～♥）」

「…………」

まるでアイドルのようなふるまいで、ダンスの合間《あいま》に手《て》をふり、ウィンク。きわめつきは投《な》げキッスでメロメロにする。こうすれば、好《す》きな子《こ》もイチコロまちがいなしです。

（しょ、所長《しょちょう》がやると、オソロシイ……）

モテ道《どう》を習得《しゅうとく》した政宗学級《まさむねがっきゅう》は、モテ男《おとこ》・モテ女《おんな》ばかりが集《つど》う超人気者《ちょうにんきもの》クラスになるでしょう。しかし、一歩《いっぽ》まちがうとたいへんなことになってしまうので要注意《ようちゅうい》。というのも、金《きん》ピカの衣装《いしょう》でおどっているところを、ほかの先生《せんせい》に見《み》つかると、おこられてしまいます。

「な、なんだその金《きん》ピカ衣装《いしょう》は！　三日月《みかづき》のカブトに眼帯《がんたい》までつけおって、今日《きょう》はハロウィンパーティーの日《ひ》じゃないぞ」

政宗学級《まさむねがっきゅう》は学校内《がっこうない》でモテモテの人気者《にんきもの》クラスになりますが、派手《はで》なパフォーマンスでは、先生《せんせい》たちをおこらせてしまいます。しかし、料理《りょうり》、手紙《てがみ》、告白《こくはく》といった「モテ道《どう》」を学《まな》ぶことで、気配《きくば》り上手《じょうず》でみんなから好《す》かれる生徒《せいと》たちが育《そだ》ちます。それがモテモテ学級《がっきゅう》の政《まさ》宗学級《むねがっきゅう》です。

もしも、ペリーが学級担任《がっきゅうたんにん》だったら？

ズバリ！

日本語苦手《にほんごにがて》！　そんなペリー先生《せんせい》でも話《はな》せる数少《かずすく》ない日本語《にほんご》は…!?

■もしも、ペリーが学級担任《がっきゅうたんにん》だったら？

鎖国中《さこくちゅう》だった日本《にほん》に黒船《くろふね》で乗《の》りいれ、開国《かいこく》をもとめたマシュー・ペリー。彼《かれ》の来航《らいこう》によって日本《にほん》は開国《かいこく》し、西洋化《せいようか》していきます。いわゆる「文明開化《ぶんめいかいか》」です。そんな文明開化《ぶんめいかいか》のきっかけをつくったペリーが担任《たんにん》ですから、とても国際的《こくさいてき》な学級《がっきゅう》になるでしょう。

ペリーの来航《らいこう》によって開国《かいこく》した日本《にほん》は「西洋《せいよう》のものならなんでもよい」といって文化《ぶんか》、技術《ぎじゅつ》、品物《しなもの》などあらゆるものをとりいれました。その結果《けっか》、あんぱん、ランドセル、牛鍋《ぎゅうなべ》（すき焼《や》き）といったいまも身近《みぢか》なものがたくさん生《う》まれました。とくに牛鍋《ぎゅうなべ》は文明開化《ぶんめいかいか》の象徴《しょうちょう》とされ、こんな言葉《ことば》も登場《とうじょう》しました。

【牛鍋食《ぎゅうなべく》わぬは開化不進奴《ひらけぬやつ》】

「すき焼《や》きを食《た》べないヤツは時代《じだい》おくれだ！」という意味《いみ》です。

日本《にほん》を西洋化《せいようか》させるきっかけをつくったペリーが担任《たんにん》の学級《がっきゅう》は、やることなすことすべてが国際色《こくさいしょく》ゆたかな学級《がっきゅう》になるでしょう。

アメリカ人《じん》のペリー先生《せんせい》は、国語《こくご》の授業《じゅぎょう》をすべて英語《えいご》に変《か》えるでしょう。そして、本場《ほんば》の英語《えいご》はもちろん、アメリカ文化《ぶんか》を教《おし》えこむことで国際的《こくさいてき》な生徒《せいと》を育《そだ》てます。

さらに、ペリー先生《せんせい》は外国人留学生《がいこくじんりゅうがくせい》もドンドン受《う》けいれます。学級《がっきゅう》にはアメリカ人《じん》をはじめ、イギリス人《じん》、フランス人《じん》、オランダ人《じん》、ロシア人《じん》などが集《あつ》まり、教室《きょうしつ》はもはや、日本《にほん》にいることを感《かん》じさせないほど、異国《いこく》のふんいきにつつまれることでしょう。

そんなペリー学級《がっきゅう》の生徒《せいと》たちは、あたらしくやってきた留学生《りゅうがくせい》と交流《こうりゅう》を深《ふか》めるため、英語《えいご》だけでなく、フランス語《ご》、オランダ語《ご》、ロシア語《ご》なども学《まな》びます。また、給食《きゅうしょく》でもあるときはフランス料理《りょうり》、またあるときはアメリカ料理《りょうり》と、各国《かっこく》の食文化《しょくぶんか》を学《まな》ぶために、さまざまな料理《りょうり》が用意《ようい》されるでしょう。

「ペリー学級《がっきゅう》ではいろんな国《くに》の文化《ぶんか》や歴史《れきし》が学《まな》べるのじゃ」

「しかし所長《しょちょう》、かんじんの日本《にほん》の歴史《れきし》や文化《ぶんか》はどうなるのですか？」

「そこが問題《もんだい》じゃ。ペリー学級《がっきゅう》ではほとんど日本《にほん》のことを教《おし》えてもらえないでしょう」

「なんですって！」

「なぜなら、ペリー先生《せんせい》は日本《にほん》のことをあまり知《し》らないうえに、日本語《にほんご》もうまくないからじゃ」

ペリー先生《せんせい》の授業《じゅぎょう》はすべて英語《えいご》とカタコトの日本語《にほんご》でおこなわれます。そのため、どの授業《じゅぎょう》もこまかい内容《ないよう》までは教《おし》えてもらえず、とてもおおざっぱなものになるでしょう。

たとえば、歴史《れきし》の授業《じゅぎょう》で教《おし》えるのは年号《ねんごう》とかんたんな内容《ないよう》のみ。もし「1853年《ねん》のペリー来航《らいこう》」を教《おそ》わろうとしても、ペリー先生《せんせい》は、

「クロフネ　カイコク　バンザーイ！」

としか教《おし》えてくれないでしょう。つづけて「文明開化《ぶんめいかいか》」を教《おそ》わろうとしても、

「スキヤキ　カイコク　バンザーイ！」

といった日本語《にほんご》しか話《はな》すことができません。また、体育《たいいく》の授業《じゅぎょう》でも、先生《せんせい》はこまかいことをいいません。野球《やきゅう》ならホームラン、サッカーならロングシュート、バスケットボールならスリーポイントシュートといった、わかりやすい大技《おおわざ》ばかりを教《おし》えるでしょう。

算数《さんすう》や理科《りか》もすべて英語《えいご》。国語《こくご》にいたっては授業《じゅぎょう》すらありませんから、生徒《せいと》たちは日本《にほん》のことをほとんど学《まな》びません。しかし、そんなことはいっさい気《き》にしないのがペリー学級《がっきゅう》。

なぜなら、ペリー学級《がっきゅう》にはつぎの合《あ》い言葉《ことば》があります。

【世界《せかい》知《し》らぬは開化不進奴《ひらけぬやつ》】

「世界《せかい》を知《し》らないヤツは時代《じだい》おくれだ」という意味《いみ》です。つまり、ペリー学級《がっきゅう》では日本《にほん》よ

りも、世界《せかい》が第一《だいいち》なのです。

いろんな国《くに》の人《ひと》たちと交流《こうりゅう》し、さまざまな文化《ぶんか》を学《まな》ぶペリー学級《がっきゅう》の生徒《せいと》たちが、海外《かいがい》にでてかつやくすることはいうまでもありません。

「ダイスキ　ガイコク　バンザーイ！」

と、少《すこ》しだけ日本語《にほんご》もうまくなっていくペリー先生《せんせい》。そんな外《がい》国大好《こくだいす》きなペリー先生《せんせい》の言葉《ことば》どおり、国際的《こくさいてき》な生徒《せいと》が育《そだ》ちます。それがペリーインターナショナル学《がっ》級《きゅう》です。

もしも、前田利家《まえだとしいえ》が学級担任《がっきゅうたんにん》だったら？

ズバリ！

ぜいたくな「王様日《おうさまデー》」と質素倹約《しっそけんやく》の「貧民日《ひんみんデー》」で天国《てんごく》と地獄学級《じごくがっきゅう》に…!?

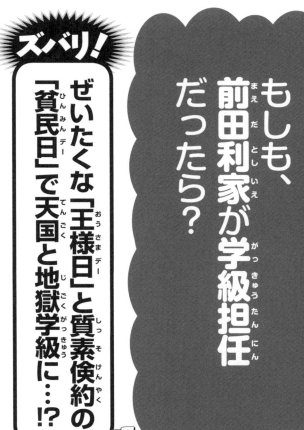

■もしも、前田利家《まえだとしいえ》が学級担任《がっきゅうたんにん》だったら？

「加賀百万石《かがひゃくまんごく》」といわれるほどの経済力《けいざいりょく》をほこった前田利家《まえだとしいえ》。しかし、過去《かこ》には貧《まず》しい生《せい》活《かつ》を送《おく》っていたこともあり、お金《かね》の管理《かんり》にはとてもきびしい武将《ぶしょう》でした。ヒマさえあればお金《かね》の計算《けいさん》をするほどで、ケチすぎるあまり、自分《じぶん》の兵《へい》もやとわなくなり、おくさんにおこられたというエピソードもあるほどです。

そんな利家先生《としいえせんせい》の学級《がっきゅう》は、ぜいたくざんまいできる「王様日《おうさまデー》」と質素《しっそ》にすごさなければならない「貧民日《ひんみんデー》」が時間割《じかんわり》にある特殊《とくしゅ》な学級《がっきゅう》になるでしょう。

「王様日《おうさまデー》」の登下校《とうげこう》は専属《せんぞく》の運転手《うんてんしゅ》がスクールタクシーで送迎《そうげい》してくれるでしょう。そして、授業《じゅぎょう》は教科《きょうか》ごとに一流《いちりゅう》の先生《せんせい》たちが担当《たんとう》します。なかでも、お金《かね》の計算《けいさん》に役《やく》だつ算数《さんすう》の授業《じゅぎょう》は、ひとりの生徒《せいと》にひとりの先生《せんせい》がつき、ていねいに教《おし》えてもらえます。教室《きょうしつ》にはお手伝《てつだ》いさんがいるので、たとえば、授業中《じゅぎょうちゅう》に消《け》しゴムを落《お》としたとしても、すぐにかけつけてひろってくれるため、生徒《せいと》たちはなにもする必要《ひつよう》はありません。また、のどがかわいたといえば、好《す》きな飲《の》み物《もの》を持《も》ってきてくれるでしょう。

お昼《ひる》の給食《きゅうしょく》では、一流《いちりゅう》シェフによる高級料理《こうきゅうりょうり》がふるまわれます。さらに、放課後《ほうかご》にはシェフ特製《とくせい》のケーキがおみやげでついてきます。これが利家学級《としいえがっきゅう》の「王様日《おうさまデー》」です。

「な、なんてぜいたくな。うらやましい……」

「おや、タローくんも利家学級《としいえがっきゅう》にはいりたくなりましたか？」

「もちろんです。ボクも一流《いちりゅう》シェフの料理《りょうり》が食《た》べたい！」

「そうですか。しかし、はたして貧民日《ひんみんデー》にたえられるかな？」

「貧民日《ひんみんデー》」は、少《すこ》しでも靴《くつ》が長持《ながも》ちするように、登下校《とうげこう》ははだしです。もちろん学校《がっこう》でも上《うわ》ばきはつかわず、はだしですごさなければいけません。

授業《じゅぎょう》はすべて自習《じしゅう》。教室《きょうしつ》に机《つくえ》やいすはないので、床《ゆか》に座《すわ》ったままやらなければなりません。ただし、算数《さんすう》の自習《じしゅう》のときだけは特別《とくべつ》です。

というのも、利家《としいえ》は常《つね》にそろばんを持《も》ち歩《ある》き、戦場《せんじょう》にも持《も》っていっていたといわれています。それほどそろばんを大切《たいせつ》にしていた利家先生《としいえせんせい》ですから、たとえ「貧民日《ひんみんデー》」といえども、そろばんくらいは貸《か》してもらえるでしょう。

そして、給食《きゅうしょく》はパン1個《いっこ》だけ。ひとり1個《いっこ》ではなく、クラスに1個《いっこ》です。そのため、決《けっ》してあらそわず、みんなで仲《なか》よくわけあわなければなりません。また、牛乳《ぎゅうにゅう》もありませんから、のどがかわいたら水道水《すいどうすい》を飲《の》みます。

学校《がっこう》が終《お》わったら、居残《いのこ》りや寄《よ》り道《みち》はせず、まっすぐ家《いえ》に帰《かえ》ること。もしも、寄《よ》り道《みち》して買い食《ぐ》いが見《み》つかったら、利家先生《としいえせんせい》にこっぴどくおこられるので注意《ちゅうい》しましょう。

「どうですか、タローくん。これが貧民日《ひんみんデー》です」

「ぐぬぬ、とてもつらそう……」

「ちなみに王様日《おうさまデー》は月《つき》1回《かい》、貧民日《ひんみんデー》は週《しゅう》1回《かい》。それでも利家学級《としいえがっきゅう》にはいりたいですか？」

「い、いや、やっぱりやめておこうかな……」

ある日《ひ》はだれもがうらやむリッチな学校生活《がっこうせいかつ》を送《おく》り、またある日《ひ》は、だれもがいやがる質素《しっそ》な学校生活《がっこうせいかつ》を送《おく》るという、まさにあたりはずれのある天国《てんごく》と地獄学級《じごくがっきゅう》。

しかし、ゆたかさと貧《まず》しさのどちらも経験《けいけん》することで、お金《かね》の管理《かんり》が上手《じょうず》な生徒《せいと》が育《そだ》ちます。それが利家学級《としいえがっきゅう》です。

もしも、武田信玄《たけだしんげん》が学級担任《がっきゅうたんにん》だったら？
ズバリ！
「風林火山《ふうりんかざん》」の教《おし》えで４タイプの授業《じゅぎょう》をする。
たとえば、国語《こくご》の時間《じかん》は…!?
研
空想研究

■もしも、武田《たけだ》信玄《しんげん》が学級担任《がっきゅうたんにん》だったら？

「甲斐《かい》の虎《とら》」と呼《よ》ばれた武田《たけだ》信玄《しんげん》は、スパイや忍者《にんじゃ》をつかって敵《てき》の情報《じょうほう》を集《あつ》め、それをもとに作戦《さくせん》をねって戦《いくさ》にいどみました。彼《かれ》は戦《いくさ》をするうえで『風林火山《ふうりんかざん》』をモットーとしましたが、先生《せんせい》になってもその心得《こころえ》は変《か》わらずに大切《たいせつ》にするでしょう。

『風林火山《ふうりんかざん》』とはつぎの言葉《ことば》から生《う》まれたものです。

【疾《はや》きこと風《かぜ》の如《ごと》く、徐《しず》かなること林《はやし》の如《ごと》く　侵掠《しんりゃく》すること火《ひ》の如《ごと》く、動《うご》かざること山《やま》の如《ごと》し】

信玄学級《しんげんがっきゅう》ではこの『風林火山《ふうりんかざん》』の4つのとくちょうをいかすため、4タイプ（風《かぜ》タイプ、林《はやし》タイプ、火《ひ》タイプ、山《やま》タイプ）の授業《じゅぎょう》が展開《てんかい》されます。

たとえばそれぞれのタイプで国語《こくご》の本読《ほんよ》みをしたとしましょう。

「疾《はや》きこと風《かぜ》の如《ごと》く」とは「風《かぜ》のようにすばやく」という意味《いみ》ですから、先生《せんせい》は風《かぜ》タイプの授業《じゅぎょう》のときは、ものすごく早口《はやくち》で本読《ほんよ》みをします。そのため、もはや、なにをいっているのか聞《き》きとれないかもしれません。さらに、生徒《せいと》がひとりずつ順番《じゅんばん》に本読《ほんよ》みをしても、みんなあっというまに読《よ》み終《お》わってしまうため、またすぐ順番《じゅんばん》がまわってきます。

「1回《かい》の授業《じゅぎょう》につき、ひとり5回《かい》は本読《ほんよ》みをすることになるでしょう」

「ひとり5回《かい》も！」

「すぐに順番《じゅんばん》がまわってきますから、つねに集中《しゅうちゅう》しておかなければなりません」

一方《いっぽう》で、林《はやし》タイプはとてもゆっくり。「徐《しず》かなること林《はやし》の如《ごと》く」とは「林《はやし》のようにゆったりとおちついて」という意味《いみ》なので、林《はやし》タイプの国語《こくご》の本読《ほんよ》みは、時間《じかん》をかけてじっくりと読《よ》むことになります。たとえば、「徐《しず》かなること林《はやし》の如《ごと》く」を読《よ》むときは、

「し〰〰ず〰〰か〰〰な〰〰る〰〰」

とんでもないおそさで読《よ》むので、ねむくなってしまうかもしれません。

「タ〰〰ロ〰〰〰〰く〰〰〰〰ん〰〰〰は〰〰〰」

(所長《しょちょう》が林《はやし》の如《ごと》く、ゆっくりすぎる口調《くちょう》で話《はな》してくる……)

「所長《しょちょう》、おそすぎて、とてもめんどくさいです！」

こんどは火《ひ》タイプ。「侵掠《しんりゃく》すること火《ひ》の如《ごと》く」とは「燃《も》えひろがる火《ひ》のようにいきおいよく」という意味《いみ》です。火《ひ》タイプの本読《ほんよ》みはひとりが読《よ》みはじめると、つぎの人《ひと》も追《お》いかけるように読《よ》み、さらにつぎの人《ひと》もつづいて……、とまるで「かえるの合唱《がっしょう》」のような輪《りん》

唱《しょう》になりますので、またたくまに学級全員《がっきゅうぜんいん》が本読《ほんよ》みに加《くわ》わることになるでしょう。

「このとき、前《まえ》の人《ひと》を追《お》いぬいてもいけませんし、うしろの人《ひと》に抜《ぬ》かれてもいけません」

「む、むずかしい……」

「これが火《ひ》タイプの輪唱型本読《りんしょうがたほんよ》みです」

そして、さいごは山《やま》タイプ。「動《うご》かざること山《やま》の如《ごと》し」とは「山《やま》のようにどっしりとかまえて動《どう》じない」という意味《いみ》ですので、山《やま》タイプの本読《ほんよ》みは、だれになんといわれようとも動《どう》じず、全員《ぜんいん》そろって大《おお》きな声《こえ》で読《よ》みます（ズバリ、大合唱型本読《だいがっしょうがたほんよ》みじゃ！）。ほかの学級《がっきゅう》から苦情《くじょう》がこようとも、校長先生《こうちょうせんせい》におこられようとも、いっさい動《どう》じずに読《よ》みつづけなければなりません。

「めちゃくちゃ迷惑《めいわく》じゃないですか！」

「もし、おこられて読《よ》むのをやめてしまうと、最初《さいしょ》からやりなおしです」

このような4タイプを経験《けいけん》した信玄学級《しんげんがっきゅう》の生徒《せいと》たちは、まるで七変化《しちへんげ》するカメレオンのように、四変化《よんへんげ》（風《かぜ》タイプ・林《はやし》タイプ・火《ひ》タイプ・山《やま》タイプ）の本読《ほんよ》みを自在《じざい》にあやつれるようになります（名《な》づけてカメレオン学級《がっきゅう》じゃ！）。授業《じゅぎょう》をはやくすすめたいときは早《はや》

口《くち》で読《よ》む風《かぜ》タイプに。一方《いっぽう》でおくらせたいときはゆっくり読《よ》む林《はやし》タイプに。また、たいくつになったときは火《ひ》タイプの輪唱型《りんしょうがた》でもりあがり、ねむくなったら、山《やま》タイプの大合唱型《だいがっしょうがた》で目《め》をさまします。

信玄学級《しんげんがっきゅう》では『風林火山《ふうりんかざん》』の心《こころ》得《え》によって、臨機応変《りんきおうへん》な生徒《せいと》が育《そだ》ちます。しかし、いつも4タイプの授業《じゅぎょう》ばかり受《う》けていると、いざ、ふつうの授業《じゅぎょう》を受《う》けたとき、すこしものたりなさを感《かん》じてしまうかもしれません。そんなカメレオン学級《がっきゅう》が信玄学級《しんげんがっきゅう》です。

もしも、上杉謙信《うえすぎけんしん》が学級担任《がっきゅうたんにん》だったら？

ズバリ！

敵《てき》に塩《しお》を送《おく》った義理《ぎり》がたい謙信《けんしん》が、生徒《せいと》に送《おく》るのは…!?

■もしも、上杉謙信《うえすぎけんしん》が学級担任《がっきゅうたんにん》だったら？

「義《ぎ》の武将《ぶしょう》」と呼《よ》ばれ、正々堂々《せいせいどうどう》がモットーだった上杉謙信《うえすぎけんしん》は、人《ひと》のいやがることはしない武将《ぶしょう》でした。そんな彼《かれ》が担任《たんにん》の学級《がっきゅう》も、生徒《せいと》のいやなことや苦手《にがて》なことはいっさいしないあまやかし学級《がっきゅう》になるでしょう。

謙信《けんしん》の人柄《ひとがら》をあらわすものとして、つぎの言葉《ことば》が有名《ゆうめい》です。

【敵《てき》に塩《しお》を送《おく》る】

意味《いみ》は「たとえ敵《てき》であっても、こまっている場合《ばあい》は助《たす》けてあげる」というものです。これはライバル・武田信玄《たけだしんげん》が敵国《てきこく》から生活必需品《せいかつひつじゅひん》の塩《しお》をたたれた際《さい》、謙信《けんしん》が相手《あいて》の弱《よわ》みにつけこむことはせず、むしろこまっていた信玄《しんげん》に塩《しお》を送《おく》って助《たす》けたという話《はなし》に由来《ゆらい》しています。

そんなやさしさにあふれる謙信先生《けんしんせんせい》のことですから、生徒《せいと》のいやがることはぜったいにしません。もし、朝《あさ》おきるのが苦手《にがて》だったら、遅刻《ちこく》してもかまいません。おくれても謙信《けんしん》先生《せんせい》はおこることなくゆるしてくれるでしょう。

さらに、時間割《じかんわり》も自分《じぶん》で自由《じゆう》にきめてよいのが謙信学級《けんしんがっきゅう》。苦手《にがて》な科目《かもく》は勉強《べんきょう》しなくてもよくなるので、もしも算数《さんすう》が苦手《にがて》なら、その時間《じかん》は好《す》きな科目《かもく》に変《か》えてもかまいません。

「もしも、タローくんが謙信学級《けんしんがっきゅう》にはいったら、どんな時間割《じかんわり》にするのじゃ？」

「所長《しょちょう》、なにをいまさら。ボクは1時間目《じかんめ》から6時間目《じかんめ》まで戦国時代《せんごくじだい》の勉強《べんきょう》ばかりするにきまっているじゃないですか！」

「な、なんとスバラシイ！　さすがはわしの助手《じょしゅ》じゃ」

「そうなれば、ボクが所長《しょちょう》になる日《ひ》もそう遠《とお》くはないでしょう！」

「な、なんじゃと！（わしの居場所《いばしょ》がなくなってしまうではないか……）」

また、謙信学級《けんしんがっきゅう》のテストでは苦手《にがて》な問題《もんだい》はでません。なぜなら、国語《こくご》のテストの文章問《ぶんしょうもん》題《だい》が苦手《にがて》なら、すべて漢字問題《かんじもんだい》にしてもらえますし、記述問題《きじゅつもんだい》がきらいなら、すべて◯×問題《もんだい》にしてもらえます。好《す》きな科目《かもく》の好《す》きな問題《もんだい》ばかりがでるので、高得点《こうとくてん》をとれる可能《かのう》性《せい》もグッと高《たか》くなるでしょう。

「もちろん、テストがいやなら受《う》けなくてもよいぞ」

「いったい、どれだけあまやかされた学級《がっきゅう》なのですか！（謙信先生《けんしんせんせい》、オソロシヤ……）」

給食《きゅうしょく》も好《す》ききらいし放題《ほうだい》です。トマトが苦手《にがて》なら、無理《むり》して食《た》べる必要《ひつよう》はありません。

好《す》きなものだけ食《た》べて、あとはのこしてよし。牛乳《ぎゅうにゅう》も飲《の》みたくなければ、お茶《ちゃ》やオレンジジュースに変《か》えてもらうといいでしょう。

謙信学級《けんしんがっきゅう》では好《す》きなことだけできるので、ある科目《かもく》のある分野《ぶんや》にだけとてもくわしい生《せい》徒《と》が育《そだ》ちます。たとえば、漢字《かんじ》が大好《だいす》きな漢字博士《かんじはかせ》や、上杉謙信《うえすぎけんしん》が大好《だいす》きな謙信博士《けんしんはかせ》など、いろんな「○○博士《はかせ》」が生《う》まれるでしょう。また、体育《たいいく》の授業《じゅぎょう》でサッカーばかりしている生徒《せいと》のなかには、将来《しょうらい》、日本代表《にほんだいひょう》に選《えら》ばれるような子《こ》もいるかもしれません。

しかし、心《こころ》やさしき謙信先生《けんしんせんせい》ですが、「敵《てき》に塩《しお》を送《おく》る」という考《かんが》えのもと、生徒《せいと》をあまやかしてばかりいると、ほかの先生《せんせい》たちからつぎのような誤解《ごかい》を受《う》けるかもしれません。

【**生徒《せいと》（敵《てき》）に媚《こび》（塩《しお》）を売《う》る**（送《おく》る）】

生徒《せいと》の機嫌《きげん》をとっているとかんちがいされ、このようなかげ口《ぐち》をいわれてしまうかもしれない謙信先生《けんしんせんせい》。また、生徒《せいと》たちもあまやかされてばかりいると、苦手《にがて》なことやきらいなことがあると、すぐににげだしたり、あきらめたりしてしまうようになるでしょう。

好《す》きなことに関《かん》しては、ほかのだれよりもすぐれた知識《ちしき》や技術《ぎじゅつ》が身《み》につきますが、苦手《にがて》なことはまったくダメ。そんなのびのび学級《がっきゅう》が謙信学級《けんしんがっきゅう》です。

第《だい》2章《しょう》 空想《くうそう》教科書《きょうかしょ》編《へん》

もしも教科書《きょうかしょ》にのっている歴史《れきし》が変《か》わったら、
戦国時代《せんごくじだい》はどうなるだろう？
ここではそんな歴史《れきし》が変《か》わった場合《ばあい》を空想《くうそう》していくゾ！
あるはずのものがなかったら？
おこるはずの事件《じけん》がおこらなかったら？
死《し》んだはずの戦国武将《せんごくぶしょう》が生《い》きていたら？
歴史《れきし》が変《か》わると日本《にほん》もいまとはぜんぜんちがう国《くに》
になっていたかもしれん！
そんな日本《にほん》のちがった歴史《れきし》と未来《みらい》を空想《くうそう》していこう！

あの歴史《れきし》が
変《か》わっていたら
どうなっていた
のかな～？

もしも、織《お》田《だ》信《のぶ》長《なが》が鉄《てっ》砲《ぽう》をつかって
いなかったら？

ズバリ！

鉄《てっ》砲《ぽう》にも負《ま》けないびっくりな
戦《せん》法《ぽう》が誕《たん》生《じょう》！　その戦《せん》法《ぽう》とは…!?

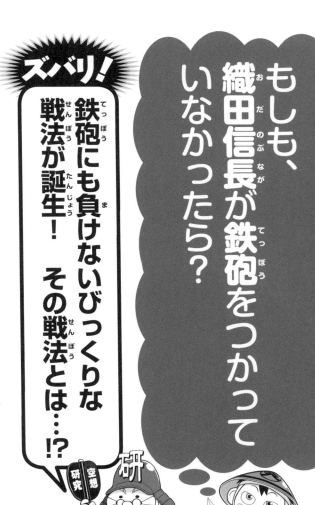

もしも、織田信長《おだのぶなが》が鉄砲《てっぽう》をつかっていなかったら？

南蛮貿易《なんばんぼうえき》で積極的《せっきょくてき》に鉄砲《てっぽう》をかいいれた織田信長《おだのぶなが》。長篠《ながしの》の戦《たたか》いでは3千丁《ぜんちょう》の鉄砲《てっぽう》がつかわれたといいます。信長《のぶなが》は3千丁《ぜんちょう》の鉄砲《てっぽう》を3段階《だんかい》（1千丁《せんちょう》ずつ）にわけてうつ（3段《だん》うち）戦法《せんぽう》をあみだし、武田軍《たけだぐん》に勝《か》ちました。

鉄砲《てっぽう》にはよいところが2つあります。ひとつはつかいかたを覚《おぼ》えれば、だれでもかんたんにつかえるところ。もうひとつはうったときに鳴《な》りひびく「バーン！」という発砲音《はっぽうおん》が敵《てき》をおどろかせることに効果的《こうかてき》だったところです。

たとえば長篠《ながしの》の戦《たたか》いでは、1千丁《せんちょう》にもなる鉄砲《てっぽう》の発砲音《はっぽうおん》がいっせいに鳴《な》りひびきました。それが3段《だん》うちによって何度《なんど》もくりかえされたのです。それまでの戦《いくさ》で、3千丁《ぜんちょう》もの鉄砲《てっぽう》がつかわれたことなどありませんでしたから、武田軍《たけだぐん》もおどろいたにちがいありません。そして、聞《き》いたことのない発砲音《はっぽうおん》の連続《れんぞく》に兵《へい》も馬《うま》もパニックになり、落馬《らくば》や停滞《ていたい》によって陣形《じんけい》が乱《みだ》れた結果《けっか》、武田軍《たけだぐん》は敗《やぶ》れたという説《せつ》もあります。

このように当時《とうじ》の鉄砲《てっぽう》には発砲音《はっぽうおん》だけでも敵《てき》をほんろうする力《ちから》がありました。しかし、もしも、信長《のぶなが》が鉄砲《てっぽう》をつかっていなかったらどうなっていたでしょうか。

まず、攻撃力《こうげきりょく》はなんとかなるかもしれません。鉄砲《てっぽう》は1対《たい》1や近距離戦《きんきょりせん》には強《つよ》いですが、1発《ぱつ》うつまでに時間《じかん》がかかりますし、遠距離《えんきょり》だと威力《いりょく》もよわくなります。その一方《いっぽう》で弓矢《ゆみや》による攻撃《こうげき》は効果的《こうかてき》です。戦国時代《せんごくじだい》における死因《しいん》の約《やく》4割《わり》は弓矢《ゆみや》によるもので、鉄砲《てっぽう》は約《やく》2割《わり》だったそうです。弓矢《ゆみや》は鉄砲《てっぽう》とちがってあつかうのがむずかしい武器《ぶき》ですが、しっかりと訓練《くんれん》すれば問題《もんだい》ないでしょう。

しかし、鉄砲《てっぽう》をつかわなかった場合《ばあい》、発砲音《はっぽうおん》で相手《あいて》の陣形《じんけい》を乱《みだ》すことはできなくなります。そのため、鉄砲《てっぽう》にかわる「敵《てき》をおどろかせ、混乱《こんらん》させるあらたな戦法《せんぽう》」を考《かんが》えなければなりません。

「所長《しょちょう》、たとえば全員《ぜんいん》いっせいに発砲音《はっぽうおん》の声《こえ》マネをするのはどうでしょうか？」

「なるほど、声《こえ》マネ作戦《さくせん》というわけか！　いつもざんしんなアイデアでつきすすんだ信長《のぶなが》のことじゃ。そんなきみょうな作戦《さくせん》をおこなっても不思議《ふしぎ》ではあるまい」

「信長様《のぶながさま》の合図《あいず》で、全員《ぜんいん》が『バーン、バーン！』と発砲音《はっぽうおん》の声《こえ》マネをするのです」

「ならば、全員《ぜんいん》で『ヒヒーン！』や『パカパッ、パカパッ！』と馬《うま》のマネをするという手《て》もありじゃな！」

たとえば、信長《のぶなが》が3万人《まんにん》の軍勢《ぐんぜい》をひきいて、タローくんのいう声《こえ》マネ作戦《さくせん》をおこなったとしましょう。

3万人《まんにん》でいっせいに「バーン、バーン!」と発砲音《はっぽうおん》をマネたら、それはつまり、鉄砲《てっぽう》3万丁《まんちょう》に匹敵《ひってき》します。さらに「ヒヒーン!」と馬《うま》のなきマネをした場合《ばあい》は、織田軍《おだぐん》に3万《まん》頭《とう》の馬《うま》がいるのではないか、という錯覚《さっかく》をおこさせることができるかもしれません。

とうぜん、これは遊《あそ》びではありませんから、つね日《ひ》ごろから声《こえ》マネの訓練《くんれん》が必要《ひつよう》になりますし、より本物《ほんもの》に近《ちか》づけるための研究《けんきゅう》も必要《ひつよう》でしょう。

そして、もしも、作戦《さくせん》が成功《せいこう》すれば、敵《てき》の兵《へい》や馬《うま》が混乱《こんらん》しているところを弓矢《ゆみや》の強襲《きょうしゅう》でたたみかけ、つぎにやりで攻《せ》めこみ、さいごは刀《かたな》でとどめをさします。これが信長《のぶなが》による鉄砲《てっぽう》をつかわない作戦《さくせん》です。

もっとも、こんな作戦《さくせん》は1回《かい》しかつかえません。本物《ほんもの》の鉄砲《てっぽう》の発砲音《はっぽうおん》でさえ、馬《うま》がおどろかないよう訓練《くんれん》し克服《こくふく》しています。さらに関ケ原《せきがはら》の戦《たたか》いのころになると、日本《にほん》では50万《まん》丁以上《ちょういじょう》の銃《じゅう》が生産《せいさん》され、世界最大《せかいさいだい》の銃保有国《じゅうほゆうこく》になっていますから、声《こえ》マネ作戦《さくせん》などといった小細工《こざいく》は通用《つうよう》しないでしょう。

しかし、まだ、戦《いくさ》で大量《たいりょう》の銃《じゅう》をつかうことがめずらしかった信長《のぶなが》の時代《じだい》では通用《つうよう》した可能性《かのうせい》もありますので、もしも、作戦《さくせん》が成功《せいこう》していれば、信長《のぶなが》の歴史《れきし》にまたあらたな伝説《でんせつ》がひとつ加《くわ》わっていたことでしょう。

もしも、武田《たけだ》信玄《しんげん》の「風林火山《ふうりんかざん》」に1文字《もじ》加《くわ》えるなら？

ズバリ！

ある1文字《もじ》を加《くわ》えることで、「風林火山《ふうりんかざん》」は世界《せかい》にほこる教《おし》えとなる！　その1文字《もじ》とは…!?

研
空想研究

■もしも、武田信玄《たけだしんげん》の「風林火山《ふうりんかざん》」に1文字《もじ》加《くわ》えるなら?

「甲斐《かい》の虎《とら》」の異名《いみょう》を持《も》つ武田信玄《たけだしんげん》は、天下一《てんかいち》といわれる軍団《ぐんだん》をひきいていました。そして、彼《かれ》もまた天下統一《てんかとういつ》の野望《やぼう》を持《も》っていた武将《ぶしょう》であり、晩年《ばんねん》になってその野望《やぼう》をかなえるために動《うご》きだしました。

第《だい》1章《しょう》でも説明《せつめい》しましたが、戦国最強《せんごくさいきょう》との呼《よ》び声《ごえ》も高《たか》く、戦上手《いくさじょうず》で知《し》られた信玄《しんげん》には『風林火山《ふうりんかざん》』というモットーがありました。『風林火山《ふうりんかざん》』には、

「疾《はや》きこと風《かぜ》の如《ごと》く(風《かぜ》のようにすばやく)」

「徐《しず》かなること林《はやし》の如《ごと》く(林《はやし》のようにゆったりとおちついて)」

「侵掠《しんりゃく》すること火《ひ》の如《ごと》く(燃《も》えひろがる火《ひ》のようにいきおいよく)」

「動《うご》かざること山《やま》の如《ごと》し(山《やま》のようにどっしりとかまえて動《どう》じない)」

という意味《いみ》があります。もしも、この『風林火山《ふうりんかざん》』に1文字《もじ》加《くわ》えるならば、いったいなにがよいでしょうか。

「所長《しょちょう》なら、なにを加《くわ》えますか?」

「わしが1文字《もじ》加《くわ》えるとするならば、ズバリ『亀《かめ》』じゃ」

「か、亀《かめ》って、あのノロノロした亀《かめ》ですか？」

「そうじゃ。亀《かめ》は長寿《ちょうじゅ》の象徴《しょうちょう》とされている生《い》き物《もの》ですから、信玄《しんげん》の『風林火山《ふうりんかざん》』に『長生《ながい》きすること亀《かめ》の如《ごと》し』というモットーがあれば、歴史《れきし》は変《か》わっていたかもしれません」

信玄《しんげん》は晩年《ばんねん》、天下統一《てんかとういつ》にむけて京都《きょうと》へむかいました。その途中《とちゅう》、「三方ヶ原《みかたがはら》の戦《たたか》い」において徳川家康《とくがわいえやす》に大勝《たいしょう》し、その強《つよ》さを見《み》せつけましたが、信玄《しんげん》はこの戦《いくさ》の最中《さいちゅう》にかかえていた病気《びょうき》が悪化《あっか》。自国《じこく》へひきかえそうとしますが、その道中《どうちゅう》で死《し》んでしまいました。

その後《ご》、武田家《たけだけ》は信玄《しんげん》の息子《むすこ》、勝頼《かつより》があとをつぎますが、「長篠《ながしの》の戦《たたか》い」で織田信長《おだのぶなが》に敗《やぶ》れると、武田家《たけだけ》は一気《いっき》に弱体化《じゃくたいか》し、しばらくしてほろびることとなりました。

しかし、もしも、信玄《しんげん》が『長生《ながい》きすること亀《かめ》の如《ごと》し』をモットーにかかげ、健康《けんこう》に気《き》をつかって長生《ながい》きしていれば、武田家《たけだけ》がほろびることもなかったでしょう。それどころか、さらに繁栄《はんえい》していたかもしれません。

信玄《しんげん》は51歳《さい》（1573年《ねん》）でなくなりましたが、戦国武将《せんごくぶしょう》のなかには90歳以上《さいいじょう》まで生《い》きた人《ひと》もいますので、信玄《しんげん》もそれくらいまでなら生《い》きられた可能性《かのうせい》があります。

もしも、信玄《しんげん》が90歳《さい》まで生《い》きたとしたら、それは大坂《おおさか》の陣《じん》の直前《ちょくぜん》まで生《い》きられる計算《けいさん》になります（もっとも、信玄《しんげん》がそのころまで生《い》きていたら、大坂《おおさか》の陣《じん》などおこっていないでしょう）。

信玄《しんげん》が日《ひ》ごろから『長生《ながい》きすること亀《かめ》の如《ごと》し』をモットーにしていれば、病気《びょうき》にかかることもなく、「三方《みかた》ヶ原《がはら》の戦《たたか》い」で家康《いえやす》に大勝《たいしょう》したのち、さらに兵《へい》をすすめたでしょう。そして、やがて信長《のぶなが》と対戦《たいせん》していたにちがいありません。その戦《いくさ》はまさに天下分《てんかわ》け目《め》の戦《たたか》いになったはずです。

もちろん、織田軍《おだぐん》に勝《か》つのはとてもむずかしいことです。しかし、当時《とうじ》は信長《のぶなが》をたおすための包囲網《ほういもう》ができあがりつつありましたから、勝《か》てる可能性《かのうせい》がないわけではありません。ですので、信長《のぶなが》に勝《か》つことができれば、信玄《しんげん》が天下統一《てんかとういつ》をはたしていたかもしれません。

信玄《しんげん》が天下人《てんかびと》になれば、彼《かれ》の出身地《しゅっしんち》である甲斐国《かいのくに》（現在《げんざい》の山梨県《やまなしけん》）が日本《にほん》の中心《ちゅうしん》になっていたでしょう。

信玄《しんげん》が90歳《さい》まで生《い》きていれば、じっくりと時間《じかん》をかけて都市開発《としかいはつ》をしたはずです。彼《かれ》は不便《ふべん》な環境《かんきょう》を整《ととの》えることについてはとても優秀《ゆうしゅう》な人物《じんぶつ》でしたから、立派《りっぱ》な都市《とし》をつくりあげたにちがいありません。

また、信玄《しんげん》のモットー『風林火山《ふうりんかざん》』あらため『風林火山亀《ふうりんかざんかめ》』が日本国民《にほんこくみん》のモットーとなりますので、全国民《ぜんこくみん》が『長生《ながい》きすること亀《かめ》の如《ごと》し』の言葉《ことば》を大切《たいせつ》にすることで、平均寿命《へいきんじゅみょう》が爆発的《ばくはつてき》にのび、世界《せかい》で断然《だんぜん》1位《い》の長寿国《ちょうじゅこく》になるでしょう。

「さらにとっておきの情報《じょうほう》がもうひとつあるぞ」

「なんですか所長《しょちょう》！」

「山梨《やまなし》と静岡《しずおか》の県境《けんざかい》には富士山《ふじさん》がありますから、山梨《やまなし》が日本《にほん》の中心《ちゅうしん》になれば、『山《やま》があるのに山《やま》・・なし県《けん》！』なんていうギャグが日本《にほん》を代表《だいひょう》する名物《めいぶつ》ギャグになるでしょう！」

「なるほど……って、そんなわけあるか！」

このように『風林火山《ふうりんかざん》』に『長生《ながい》きすること亀《かめ》の如《ごと》し』が加《くわ》わり、『風林火山亀《ふうりんかざんかめ》』となっていれば、いまごろ、山梨県《やまなしけん》が日本《にほん》の首都《しゅと》となっていたかもしれません。さらに静岡《しずおか》との県境《けんざかい》に位置《いち》する富士山《ふじさん》が日本《にほん》の象徴《しょうちょう》というだけでなく、日本《にほん》の中心地《ちゅうしんち》という意味《いみ》でも注目《ちゅうもく》を浴《あ》びる場所《ばしょ》になっていたにちがいありません。

もしも、織田信長《おだのぶなが》が本能寺《ほんのうじ》の変《へん》で死《し》んでいなかったら？

ズバリ！

天下統一《てんかとういつ》をはたして、アジア統一《とういつ》
↓
世界統一《せかいとういつ》
↓
最後《さいご》は○○統一《とういつ》…!?

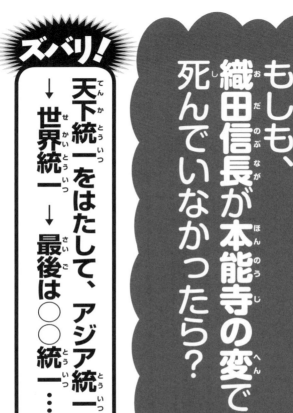

■もしも、織田信長《おだのぶなが》が本能寺《ほんのうじ》の変《へん》で死《し》んでいなかったら？

織田信長《おだのぶなが》が家臣《かしん》の明智光秀《あけちみつひで》にうたれた歴史的大事件《れきしてきだいじけん》「本能寺《ほんのうじ》の変《へん》」。光秀《みつひで》は謀反《むほん》をおこし、本能寺《ほんのうじ》に宿泊中《しゅくはくちゅう》だった信長《のぶなが》をおそいました。このとき兵《へい》の数《かず》が圧倒的《あっとうてき》に少《すく》なかった信長《のぶなが》は、追《お》いこまれたすえ、本能寺《ほんのうじ》に火《ひ》をつけ、自害《じがい》したといわれています。

しかし、もしも、信長《のぶなが》が本能寺《ほんのうじ》の変《へん》で死《し》んでいなかったらどうでしょう。

信長《のぶなが》はほかの武将《ぶしょう》たちにスキをあたえないよう、気《き》をひきしめなおします。また、光秀《みつひで》の謀反《むほん》というしょうげき的《てき》な事件《じけん》によって、家臣《かしん》たちにも動揺《どうよう》がひろがりますが、信長《のぶなが》は持《も》ち前《まえ》の強気《つよき》な態度《たいど》でみんなの不安《ふあん》をかき消《け》すでしょう。

さらに、戦《いくさ》においてはつねに攻撃的《こうげきてき》だった信長《のぶなが》も、本能寺《ほんのうじ》の変以降《へんいこう》は守備的《しゅびてき》なことも考《かんが》えるようになり、守《まも》りもかためます。そうすることで攻守《こうしゅ》ともに圧倒的《あっとうてき》な兵力《へいりょく》をそろえた信長《のぶなが》は、やがて夢《ゆめ》だった天下統一《てんかとういつ》を成《な》しとげるはずです。

「さすが信長様《のぶながさま》。カッコいい！」

「信長《のぶなが》が天下統一《てんかとういつ》をはたすと、日本《にほん》はより近代的《きんだいてき》な国《くに》になるはずじゃ」

かつて「楽市楽座《らくいちらくざ》」や「関所《せきしょ》の廃止《はいし》」によって、より自由《じゆう》な経済活動《けいざいかつどう》をできるようにした信長《のぶなが》のことですから、天下統一後《てんかとういつご》も経済《けいざい》は発展《はってん》をつづけるでしょう。また、南蛮貿易《なんばんぼうえき》にも積極的《せっきょくてき》だったため、貿易《ぼうえき》はさらに活発化《かっぱつか》し、あたらしい文化《ぶんか》や品物《しなもの》がつぎつぎとはいってくるようになります。とうぜん武器《ぶき》もたくさんとりいれますから、さらに強《つよ》くなった信《のぶ》長《なが》は、つぎにアジア統一《とういつ》に乗《の》りだします。

「アジア統一《とういつ》！（それはまたすごい野望《やぼう》だ……）」

「信長《のぶなが》は大国《たいこく》である明《みん》（中国《ちゅうごく》）をめざすのじゃ。とうぜん言葉《ことば》もちがうので、むこうであいさつするときは『ワタシ　オダノブナガ　アルネ』というようになります」

「少《すこ》しだけ中国人《ちゅうごくじん》っぽくなっている！」

信長《のぶなが》は明《みん》や朝鮮《ちょうせん》といった東《ひがし》アジアを支配《しはい》したあと、東南《とうなん》アジア、西《にし》アジアをめざして侵《しん》攻《こう》をつづけ、ついにはアジアも統一《とういつ》します。そうなると、つぎにめざすのはただひとつ、世界統一《せかいとういつ》です。

「こんどは世界統一《せかいとういつ》！」

「むかうのはアメリカです。太平洋《たいへいよう》をわたってアメリカについた信長《のぶなが》は『マイネーム　イズ　ノブナガオダ』とあいさつすることでしょう」

「こんどはアメリカ人《じん》っぽくなった！」

アジア統一《とういつ》をはたした信長《のぶなが》はすでに巨大《きょだい》な兵力《へいりょく》を持《も》っているはず。ですから、かんたんにアメリカを支配《しはい》します。つづいてヨーロッパ、アフリカと侵攻《しんこう》し、あっというまに世界《せかい》統一《とういつ》を成《な》しとげるでしょう。そして、世界統一《せかいとういつ》のつぎはズバリ、宇宙統一《うちゅうとういつ》をめざします。

「う、宇宙《うちゅう》ですか！」

「あいさつは宇宙語《うちゅうご》で、『△■％☠＄　オダ※♨▲＃　☆ノブ◆〒×』となります」

「なにをいっているんですか所長《しょちょう》。ていうか、どうやって宇宙《うちゅう》までいくのですか！」

「問題《もんだい》はそこじゃ。じつはタローくんのいうとおり、当時《とうじ》の技術力《ぎじゅつりょく》では残念《ざんねん》ながら宇宙《うちゅう》にいくのは無理《むり》なのじゃ……（みんなすまん。調子《ちょうし》に乗《の》りすぎてしまった！）」

宇宙統一《うちゅうとういつ》はダメでも、野心《やしん》にあふれた信長《のぶなが》のことですから、世界統一《せかいとういつ》ははたしたかもしれません。信長《のぶなが》は各国《かっこく》に信頼《しんらい》できる家臣《かしん》を配備《はいび》し、理想《りそう》の世界《せかい》をつくりあげようとします。

しかし、世界統一《せかいとういつ》ともなれば全世界《ぜんせかい》の国《くに》をおさめつづけなければならず、そのためにはそうとうな力《ちから》が必要《ひつよう》となります。少《すこ》しでも気《き》を抜《ぬ》くと、すぐに謀反《むほん》がおこります。エジプトにいくと「ピラミッドの変《へん》」、中国《ちゅうごく》にいくと「万里《ばんり》の長城《ちょうじょう》の変《へん》」がおこるなど、命《いのち》がい

くつあってもたりなくなるでしょう。

つまり、信長《のぶなが》が死《し》んでいなければ世界統一《せかいとういつ》をはたしていたかもしれませんが、それを維持《いじ》しつづけることはとてもむずかしいため、統一《とういつ》は長《なが》くはつづかず、けっきょくはまた、世界各国《せかいかっこく》はバラバラになり、統一前《とういつまえ》の状態《じょうたい》にもどっていくことでしょう。

もしも、毛利元就《もうりもとなり》の「三本《さんぼん》の矢《や》」が折《お》れていたら？

ズバリ！

何度《なんど》折《お》られても、毛利《もうり》ファミリーの意地《いじ》で復活《ふっかつ》する方法《ほうほう》が…!?

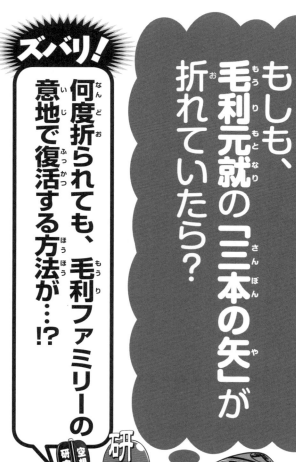

■もしも、毛利元就《もうりもとなり》の「三本《ぼん》の矢《や》」が折《お》れていたら？

戦国最高《せんごくさいこう》の知将《ちしょう》と呼《よ》ばれた毛利元就《もうりもとなり》は、ありとあらゆる策略《さくりゃく》で戦《いくさ》に勝利《しょうり》し、小《ちい》さな国人《こくじん》領主《りょうしゅ》から戦国大名《せんごくだいみょう》にまでのぼりつめました。そんな彼《かれ》は晩年《ばんねん》、大《おお》きくなった「毛利《もうり》」という家名《かめい》を守《まも》ることを望《のぞ》みました。

そこで元就《もとなり》は3人《にん》の息子《むすこ》を呼《よ》びよせ、目《め》の前《まえ》で1本《いっぽん》の矢《や》を折《お》って見《み》せると、つぎのようにいいました。

【このように矢《や》は1本《いっぽん》だとかんたんに折《お》れてしまう。しかし、3本《ぼん》が束《たば》になればなかなか折《お》れることはない。だからおまえたちもひとりひとりではなく、兄弟《きょうだい》3人《にん》が結束《けっそく》して毛利《もうり》の名《な》を守《まも》っていってくれ】

元就《もとなり》が息子《むすこ》3人《にん》に一致団結《いっちだんけつ》を呼《よ》びかけたこの教《おし》えこそ『三本《ぼん》の矢《や》の教《おし》え』です。

しかし、なぜ、元就《もとなり》は息子《むすこ》たちにこのような話《はなし》をしなければならなかったのでしょうか。

それは長男《ちょうなん》、次男《じなん》、三男《なん》の仲《なか》があまりよくなかったためだといわれています。元就《もとなり》にかわって毛利家《もうりけ》をついだのは長男《ちょうなん》でした。しかし、彼《かれ》はやさしい性格《せいかく》であるがゆえにリーダーとしての力強《ちからづよ》さに欠《か》け、次男《じなん》も三男《なん》もたよりない兄《あに》を敬遠《けいえん》したそうです。

そのため、元就《もとなり》は『三本《ぼん》の矢《や》の教《おし》え』によって3兄弟《きょうだい》の団結《だんけつ》を呼《よ》びかけました。その結《けっ》果《か》、次男《じなん》と三男《なん》は長男《ちょうなん》をささえるようになり、長男《ちょうなん》がなくなったあとも、そのあとをついだ長男《ちょうなん》の息子《むすこ》までしっかりとめんどうを見《み》つづけます。

3兄弟《きょうだい》はさいごまで元就《もとなり》の『三本《ぼん》の矢《や》の教《おし》え』を守《まも》りとおしましたが、もしも、元就《もとなり》の3本《ぼん》の矢《や》が話《はなし》の途中《とちゅう》で折《お》れてしまったら、いったいどうなっていたでしょうか。

頭《あたま》のいい元就《もとなり》のことですから、たとえ3本《ぼん》の矢《や》が折《お》れたとしても、決《けっ》して動《どう》じることはありません。だまって追加《ついか》の矢《や》を持《も》ってくると、

『では、つぎに4本《ほん》の矢《や》を折《お》ってみよう！』

といって、4本《ほん》の矢《や》を束《たば》にして折《お》ろうとしてみせるでしょう。

「待《ま》ってください所長《しょちょう》。それじゃ、『四本《ほん》の矢《や》の教《おし》え』になってしまいますよ！」

「そのとおり。ですが問題《もんだい》ありません。なぜなら、元就《もとなり》には9人《にん》の息子《むすこ》がいたからじゃ！」

「えええ！　3人《にん》だけじゃなかったのですか！」

じつは元就《もとなり》には9人《にん》の息子《むすこ》がいました。三男《なん》までは正室《せいしつ》の子《こ》、四男以降《なんいこう》は側室《そくしつ》の子《こ》であったため、元就《もとなり》は区別《くべつ》したそうです。しかし、3本《ぼん》の矢《や》が折《お》れてしまったいま、そのま

まにしておくことはできませんから、元就《もとなり》はつづいて4本《ほん》の矢《や》の束《たば》を折《お》ろうとします。もし、それも折《お》れてしまえば、5本《ほん》の矢《や》、6本《ぽん》の矢《や》、7本《ほん》の矢《や》、8本《ぽん》の矢《や》と増《ふ》やし、最大《さいだい》9本《ほん》の矢《や》までつづけるでしょう。

「しかし所長《しょちょう》、万《まん》が一《いち》、9本《ほん》の矢《や》まで折《お》れてしまったら、毛利家《もうりけ》はいったいどうなってしまうのですか？」

「心配《しんぱい》するな、タローくん。元就《もとなり》にはもうひとり、かくし子《ご》がいたのじゃ！」

「えええ！（まさかの10人目《にんめ》！）」

もし、9本目《ほんめ》も折《お》れてしまったら、

『じ、じつはわしにはかくし子《ご》がひとりいるのじゃ！』

と、元就《もとなり》はあわててかくし子《ご》の存在《そんざい》を明《あき》らかにし、息子《むすこ》たちに『十本《じっぽん》の矢《や》の教《おし》え』をいきかせ、10人全員《にんぜんいん》で毛利家《もうりけ》を守《まも》っていくよう呼《よ》びかけるでしょう。

じつは、毛利家《もうりけ》は長男《ちょうなん》の息子《むすこ》があとをついでいましたが、そのあとは四男《なん》の子孫《しそん》が毛利《もうり》家《け》をささえていました。つまり、当初《とうしょ》の3本《ぼん》の矢《や》（3兄弟《きょうだい》）ではなく、予定《よてい》していなかった4本目《ほんめ》の矢《や》（四男《なん》）が毛利家《もうりけ》を守《まも》ったのです。

毛利家《もうりけ》は一時期《いちじき》、関ヶ原《せきがはら》の戦《たたか》いで徳川軍《とくがわぐん》に敗《やぶ》れ、所領《しょりょう》は4分《ぶん》の1にまで減《へ》らされてしまいます。しかし、そこからはいあがり、成長《せいちょう》した毛利家《もうりけ》が、のちに江戸幕府《えどばくふ》を倒幕《とうばく》に追《お》いこむ中心的存在《ちゅうしんてきそんざい》「長州藩《ちょうしゅうはん》」の藩主《はんしゅ》となります。つまり、元就《もとなり》の『三本《ぼん》の矢《や》の教《おし》え』が長州《ちょうしゅう》藩《はん》を生《う》んだといっても過言《かごん》ではありません。

もしも、元就《もとなり》の3本《ぼん》の矢《や》が折《お》れたとしても、10本《じっぽん》までなら元就《もとなり》のいうことは変《か》わりませんので、その後《ご》の歴史《れきし》も大《おお》きくは変《か》わらないでしょう。しかし、10本目《じっぽんめ》の矢《や》まで折《お》れてしまったら、それは毛利家《もうりけ》の終《お》わりを意味《いみ》します。

もはやだれも元就《もとなり》の話《はなし》など聞《き》きません。兄弟《きょうだい》どうしであらそいごとばかりをおこし、手《て》がつけられなくなったあげく、毛利家《もうりけ》は消滅《しょうめつ》してしまいます。

そうなれば、のちに長州藩《ちょうしゅうはん》が生《う》まれることもありませんので、いまもなお倒幕《とうばく》をはたせぬまま、江戸幕府《えどばくふ》が日本《にほん》をおさめていたかもしれません。

もしも、千利休《せんのりきゅう》のお茶《ちゃ》がまずかったら？

ズバリ！

「まずい！」というひと言《こと》に激怒《げきど》！
利休《りきゅう》の反撃《はんげき》の一手《いって》は…!?

■もしも、千利休《せんのりきゅう》のお茶《ちゃ》がまずかったら？

織田信長《おだのぶなが》、豊臣秀吉《とよとみひでよし》につかえた天下一《てんかいち》の茶人《ちゃじん》、千利休《せんのりきゅう》。彼《かれ》はお茶《ちゃ》の道《みち》をきわめた人物《じんぶつ》ですが、政治力《せいじりょく》もあり、豊臣政権下《とよとみせいけんか》では「秀吉《ひでよし》に意見《いけん》をいえるのは千利休《せんのりきゅう》しかいない」といわれたほど強《つよ》い影響力《えいきょうりょく》を持《も》っていました。

茶《ちゃ》の湯《ゆ》（茶道《さどう》）は当時《とうじ》、権力《けんりょく》の象徴《しょうちょう》だったため、名物《めいぶつ》の茶器《ちゃき》ともなれば一国一城《いっこくいちじょう》に値《あたい》するものとしてみられていました。信長《のぶなが》は戦《いくさ》でがんばった者《もの》に対《たい》し、褒美《ほうび》として高価《こうか》な茶碗《ちゃわん》をあたえたといいます。

さらに、信長《のぶなが》のあとをついだ秀吉《ひでよし》は信長《のぶなが》以上《いじょう》に茶《ちゃ》の湯《ゆ》を大切《たいせつ》にしました。茶《ちゃ》の湯《ゆ》はただお茶《ちゃ》をのむだけでなく、政治《せいじ》や人間関係《にんげんかんけい》について話《はな》す場《ば》でもありました。千利休《せんのりきゅう》は小《ちい》さくてせまい茶室《ちゃしつ》を持《も》っていましたので、その密室《みっしつ》でお茶《ちゃ》を飲《の》みながら秀吉《ひでよし》をはじめ側近《そっきん》たちと情報交換《じょうほうこうかん》し、政治《せいじ》に活用《かつよう》していました。

しかし、もしも、千利休《せんのりきゅう》のつくったお茶《ちゃ》がまずかったらどうなっていたでしょう。おいしいもの好《ず》きとして知《し》られた秀吉《ひでよし》のことですから、お茶《ちゃ》の味《あじ》にもうるさいはず。そのため、秀吉《ひでよし》はまずいお茶《ちゃ》をだす千利休《せんのりきゅう》にイライラして、

『どうやったら、こんなにまずいお茶《ちゃ》がつくれるのじゃ！』
といつも文句《もんく》をいうようになるでしょう。そうなると、とうぜんふたりの関係《かんけい》もわるくなっていきます。

秀吉《ひでよし》に「お茶《ちゃ》がまずい」といわれ、プライドを傷《きず》つけられた千利休《せんのりきゅう》も、茶《ちゃ》の湯界《ゆかい》のトップにいるほどの男《おとこ》ですから、このままだまってはいません。

「所長《しょちょう》、いったいどうなるのですか？」

「お茶《ちゃ》がまずいといわれれば、さすがの千利休《せんのりきゅう》もブチギレるはずじゃ」

「ブ、ブチギレ！」

「千利休《せんのりきゅう》はある武将《ぶしょう》にそそのかされて、反撃《はんげき》にでるでしょう！」

「・・・ある武将《ぶしょう》・・・」

「ある武将《ぶしょう》ってだれなんですか？」

それは徳川家康《とくがわいえやす》です。家康《いえやす》は秀吉《ひでよし》のかげにかくれながらじっと天下人《てんかびと》になるチャンスをうかがっていた男《おとこ》ですから、秀吉《ひでよし》に不満《ふまん》を持《も》つ千利休《せんのりきゅう》に近《ちか》づき、

『そんなに腹《はら》が立《た》つなら、殺《ころ》してしまえ』

とそそのかします。じつは、死《し》ぬ前《まえ》の千利休《せんのりきゅう》がさいごに茶室《ちゃしつ》にまねいたのは家康《いえやす》だった

といわれており、ふたりには古《ふる》くからつながりがあったそうです。そのため、ふたりがこのような近《ちか》い関係《かんけい》になっても不思議《ふしぎ》ではありません。

家康《いえやす》は**【鳴《な》かぬなら　鳴《な》くまで待《ま》とう　ホトトギス】**の歌《うた》にもあるとおり、とてもガマン強《づよ》い武将《ぶしょう》として有名《ゆうめい》ですから、たとえ千利休《せんのりきゅう》のつくったお茶《ちゃ》がまずかったとしても、

【まずいなら　うそでも飲《の》もう　利休《りきゅう》の茶《ちゃ》】

といっておいしそうに飲《の》みほします。そのため、千利休《せんのりきゅう》はしだいに自分《じぶん》のお茶《ちゃ》をまずいという秀吉《ひでよし》ではなく、おいしいと飲《の》みほす家康《いえやす》に協力《きょうりょく》するようになります。

すると、かつてタヌキ親父《おやじ》と呼《よ》ばれた家康《いえやす》のことですから、表《おもて》ではニコニコしていても、裏《うら》では「これは天下人《てんかびと》になるチャンス」と考《かんが》え、千利休《せんのりきゅう》に対《たい》して秀吉《ひでよし》の暗殺《あんさつ》をそそのかす。そんな事態《じたい》がおきるかもしれません。

茶室《ちゃしつ》は密室《みっしつ》ですから、そこに秀吉《ひでよし》を呼《よ》びだし、お茶《ちゃ》に毒《どく》をいれればそれで終《お》わり。味《あじ》が変《か》わったとしても、もともとまずいので気《き》にはなりません。こうして、千利休《せんのりきゅう》による謀反《むほん》がおきます（ズバリ「お茶《ちゃ》の変《へん》」じゃ）。

「お、お茶《ちゃ》の変《へん》！（明智光秀《あけちみつひで》の本能寺《ほんのうじ》の変《へん》につづいてまたしても……）」

このように、もしも、千利休《せんのりきゅう》のお茶《ちゃ》がまずかったら、秀吉《ひでよし》はイライラして文句《もんく》ばかりいうようになり、一方《いっぽう》の千利休《せんのりきゅう》は不満《ふまん》がたまるようになります。そこに千利休《せんのりきゅう》とつながりのある家康《いえやす》が登場《とうじょう》することで、「本能寺《ほんのうじ》の変《へん》」につづく大《だい》事件《じけん》「お茶《ちゃ》の変《へん》」がおこったかもしれません。

その結果《けっか》、豊臣《とよとみ》政権《せいけん》はのちの関ヶ原《せきがはら》の戦《たたか》いや大坂《おおさか》の陣《じん》を待《ま》つまでもなく、もっとはやくにほろんでいたことでしょう。

もしも、大坂城《おおさかじょう》があべのハルカス級《きゅう》の高《たか》さだったら？

ズバリ！

戦国最強《せんごくさいきょう》の城《しろ》がさらにグレードアップ！
天守閣《てんしゅかく》から見《み》わたす未来《みらい》は…!?

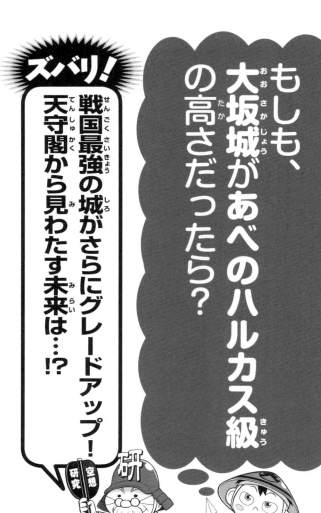

■もしも、大坂城《おおさかじょう》があべのハルカス級《きゅう》の高《たか》さだったら？

天下人《てんかびと》・豊臣秀吉《とよとみひでよし》によって建《た》てられた大坂城《おおさかじょう》は、四重《じゅう》の堀《ほり》にかこまれた難攻不落《なんこうふらく》の城《しろ》でした。そんな大坂城《おおさかじょう》が、もしも、現在《げんざい》の日本《にほん》でいちばん高《たか》いビル「あべのハルカス」（大《おお》阪市阿倍野区《さかしあべのく》）級《きゅう》の高《たか》さだったらどうなっていたでしょうか。

秀吉《ひでよし》が建《た》てた大坂城《おおさかじょう》の高《たか》さは約《やく》30メートル。五重《じゅう》6階建《かいだ》て（地下《ちか》2階《かい》）といわれており、5階《かい》には黄金《おうごん》の茶室《ちゃしつ》があったそうです。

一方《いっぽう》で「あべのハルカス」の高《たか》さは約《やく》300メートル。階数《かいすう》は地上《ちじょう》60階《かい》（地下《ちか》5階《かい》）まであります。最上部《さいじょうぶ》（58階《かい》、59階《かい》、60階《かい》）が展望台《てんぼうだい》になっており、天気《てんき》のよい日《ひ》は関西一《かんさいいち》円《えん》を見《み》わたすことができます。大坂城《おおさかじょう》と比《くら》べると、その大《おお》きさは約《やく》10倍《ばい》。つまり、もしも、大坂城《おおさかじょう》が「あべのハルカス」級《きゅう》の高《たか》さだったら、大坂城《おおさかじょう》の高《たか》さも約《やく》300メートル、60階《かい》建《だ》てということになります。

当時《とうじ》はエレベーターなどありませんから、最上階《さいじょうかい》にいくには階段《かいだん》しかありません。もちろん、秀吉《ひでよし》はいちばん見晴《みは》らしのよい最上階《さいじょうかい》にいます。そのため、もしも、戦《いくさ》になって敵《てき》の軍勢《ぐんぜい》が大坂城内《おおさかじょうない》にはいりこんだとしても、最上階《さいじょうかい》にいる秀吉《ひでよし》のクビをとるには、そうとうな体力《たいりょく》と時間《じかん》が必要《ひつよう》になります。

たとえば1階《かい》ごとにひとりの武将《ぶしょう》と軍隊《ぐんたい》を配備《はいび》するだけでも時間《じかん》かせぎになります。敵《てき》軍《ぐん》からすれば、59回《かい》（階《かい》）勝《か》ちあがっていかなければ秀吉《ひでよし》のもとまでたどりつけません。また、床一面《ゆかいちめん》に落《お》とし穴《あな》をしかけたり、ときにはやりをふらせたり、とアイデアマンである秀吉《ひでよし》はいろんなしかけをはりめぐらせるかもしれません。

もしも、そんな大坂城《おおさかじょう》だったら、大坂《おおさか》の陣《じん》で徳川軍《とくがわぐん》に敗《やぶ》れることもなかったでしょう。

大坂冬《おおさかふゆ》の陣《じん》における豊臣側《とよとみがわ》の軍勢《ぐんぜい》は寄《よ》せ集《あつ》め軍《ぐん》の10万《まん》。徳川側《とくがわがわ》は正規軍《せいきぐん》の20万《まん》。夏《なつ》の陣《じん》では7万対《まんたい》16万《まん》でした。しかし、その差《さ》も「あべのハルカス」級《きゅう》をほこる大坂城《おおさかじょう》の前《まえ》では関《かん》係《けい》ありません。

大坂城《おおさかじょう》は関西一円《かんさいいちえん》を見《み》わたせるほど高《たか》いわけですから、敵《てき》の動《うご》きなど手《て》にとるようにわかります。また、大坂《おおさか》の陣《じん》は大坂城《おおさかじょう》の攻防戦《こうぼうせん》だったため、豊臣側《とよとみがわ》は敵《てき》を大坂城《おおさかじょう》に近《ちか》づけまいと奮闘《ふんとう》しましたが、その必要《ひつよう》もなくなります。大坂城《おおさかじょう》はもはや鉄壁《てっぺき》ですから、堂々《どうどう》とろう城《じょう》して敵《てき》をむかえうてばよいでしょう。

大坂城《おおさかじょう》は土台《どだい》となる石垣《いしがき》だけでも約《やく》１００メートルの高《たか》さになります。そうすると敵《てき》の鉄砲《てっぽう》は屋内《おくない》にはとどきません。その一方《いっぽう》で、こちらから敵《てき》の動《うご》きは丸見《まるみ》えですから、援軍《えんぐん》によるはさみうちも可能《かのう》ですし、豊臣側《とよとみがわ》には真田幸村《さなだゆきむら》というツワモノもいますので、幸村《ゆきむら》による城内《じょうない》からの奇襲《きしゅう》という手《て》もあります。もちろん、そんなことをするまでもなく、高《たか》くそびえ立《た》つ大坂城《おおさかじょう》を見《み》ただけで、徳川軍《とくがわぐん》の多《おお》くがにげだす可能性《かのうせい》もあるでしょう。

もしも、大坂《おおさか》の陣《じん》で豊臣軍《とよとみぐん》が勝《か》っていたら、江戸幕府《えどばくふ》ではなく、大坂幕府《おおさかばくふ》が成立《せいりつ》していたかもしれません。すると現在《げんざい》の首都《しゅと》も大阪《おおさか》になり、名前《なまえ》も大阪都《おおさかと》になっていたことでしょう（大阪都構想《おおさかとこうそう》の実現《じつげん》じゃ）。

「所長《しょちょう》、もしかして大阪弁《おおさかべん》が標準語《ひょうじゅんご》になるのですか？」

「あたりまえやん。せやからタローくんも、どんどんオモロイこといわなあかんで！」

「しょ、所長《しょちょう》がバリバリの大阪弁《おおさかべん》に！（しかも笑《わら》いを要求《ようきゅう》してくる……）」

「そうやタローくん、キミもなにか大阪弁《おおさかべん》をしゃべってみたらどうや？」

「お、大阪弁《おおさかべん》ですか。えーと、たこ焼《や》き、お好《この》み焼《や》き、通天閣《つうてんかく》……」

「いや、それ大阪弁《おおさかべん》ちゃうやん！　ただの大阪名物《おおさかめいぶつ》でんがな！」

「す、すごいツッコミ（大阪弁《おおさかべん》になると、所長《しょちょう》はいつもツッコミ上手《じょうず》になる……）」

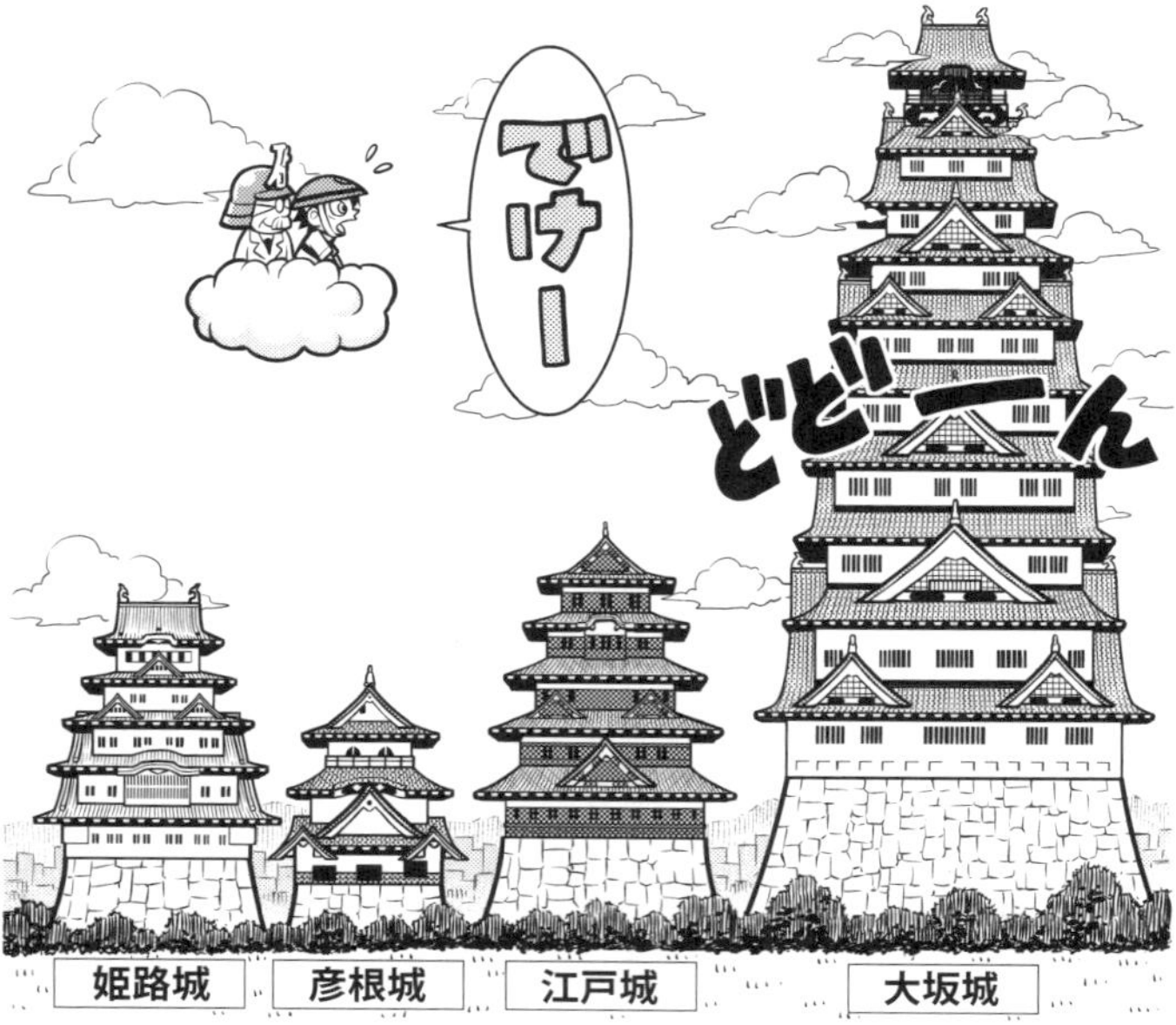

このように、大坂城《おおさかじょう》が「あべのハルカス」級《きゅう》の高《たか》さだったら、大《おお》阪《さか》が日本《にほん》の中心《ちゅうしん》となり、日本《にほん》はよりにぎやかでユーモアあふれる国《くに》になっていたことでしょう。

また、もしかすると、2020年《ねん》のオリンピックも東京《とうきょう》ではなく、大阪《おおさか》オリンピックになっていたかもしれません。

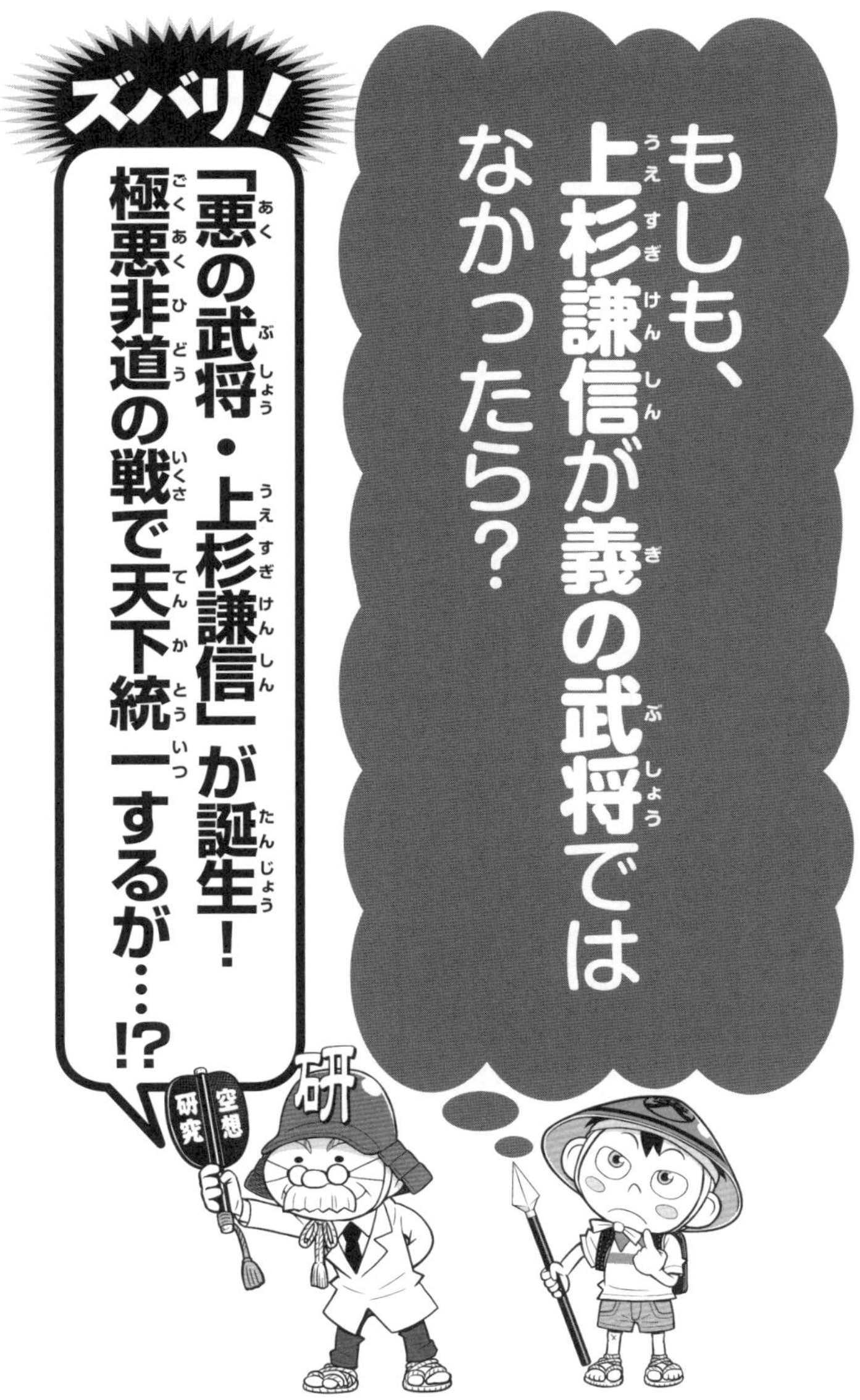
もしも、上杉《うえすぎ》謙信《けんしん》が義《ぎ》の武将《ぶしょう》ではなかったら？
ズバリ！
「悪《あく》の武将《ぶしょう》・上杉《うえすぎ》謙信《けんしん》」が誕生《たんじょう》！極悪非道《ごくあくひどう》の戦《いくさ》で天下統一《てんかとういつ》するが…!?
研
空想研究

■もしも、上杉《うえすぎ》謙信《けんしん》が義《ぎ》の武将《ぶしょう》ではなかったら？

戦国時代屈指《せんごくじだいくっし》の戦上手《いくさじょうず》であり、圧倒的《あっとうてき》な強《つよ》さをほこった上杉謙信《うえすぎけんしん》。彼《かれ》はとても「義《ぎ》」を大切《たいせつ》にする武将《ぶしょう》でした。

「義《ぎ》」とは「人《ひと》として正《ただ》しいおこないをする」という意味《いみ》です。謙信《けんしん》は世《よ》のため、人《ひと》のために戦《いくさ》をした一方《いっぽう》で、自分《じぶん》の利《り》のために戦《たたか》うことはありませんでした。そのため、「義《ぎ》の武将《ぶしょう》」と呼《よ》ばれています。

謙信《けんしん》には義《ぎ》の武将《ぶしょう》らしいエピソードがたくさんあります。

たとえば、ライバルの武田信玄《たけだしんげん》と戦《たたか》った「川中島《かわなかじま》の戦《たたか》い」（5回《かい》にわたった戦《いくさ》はすべて引《ひ》き分《わ》け）は、もともと信玄《しんげん》に領土《りょうど》を追《お》いだされた地元民《じもとみん》たちに「助《たす》けてほしい」とたのまれたためにはじめた戦《いくさ》でした。

また、謙信《けんしん》の義《ぎ》を語《かた》るうえで欠《か》かせないのが、ことわざの『敵《てき》に塩《しお》を送《おく》る』の由来《ゆらい》にもなった話《はなし》です。これは信玄《しんげん》が他国《たこく》から生活必需品《せいかつひつじゅひん》である塩《しお》の輸出《ゆしゅつ》をたたれた際《さい》、本来《ほんらい》は敵《てき》である信玄《しんげん》に対《たい》し、「敵《てき》とはいえ、こまっているなら助《たす》けてあげよう」という義《ぎ》の精神《せいしん》から、謙信《けんしん》が信玄《しんげん》に塩《しお》を送《おく》ったというエピソードにもとづいています。

さらに信玄《しんげん》が病気《びょうき》でなくなったとき、謙信《けんしん》は家臣《かしん》たちから、

『信玄《しんげん》のいないいまこそが武田家《たけだけ》を攻《せ》めほろぼすチャンスです』

といわれます。しかし、ここでも謙信《けんしん》は義《ぎ》の精神《せいしん》から、

『息子《むすこ》があとをついだばかりなのに、攻《せ》めこむのはおとなげない』

といって兵《へい》をだしませんでした。

そんな長《なが》らくライバル関係《かんけい》だった謙信《けんしん》と信玄《しんげん》ですが、信玄《しんげん》がなくなったとき、謙信《けんしん》はなみだを流《なが》したといいますし、一方《いっぽう》の信玄《しんげん》はなくなる直前《ちょくぜん》、自分《じぶん》の息子《むすこ》に対《たい》し、「こまったことがあれば謙信《けんしん》をたよれ」といったそうですから、おたがいにライバルでありながらも心《こころ》のどこかではみとめあっていたのかもしれません。

しかし、このように義《ぎ》を大切《たいせつ》にした謙信《けんしん》が、もしも、義《ぎ》の武将《ぶしょう》ではなかったらどうなっていたでしょうか。

謙信《けんしん》が義《ぎ》などという考《かんが》えを持《も》っていなければ、私利私欲《しりしよく》のためにつきすすんでいたことでしょう。

まず、川中島《かわなかじま》の戦《たたか》いは5回《かい》もつづきません。なぜなら、信玄《しんげん》が他国《たこく》から塩《しお》をたたれたと

き、義《ぎ》のない謙信《けんしん》は『敵《てき》に塩《しお》を送《おく》る』なんてことはせず、むしろ、チャンスとばかりに大《たい》軍《ぐん》を送《おく》って信玄《しんげん》を攻《せ》めほろぼすにちがいありません。

謙信《けんしん》は義《ぎ》の精神《せいしん》なんてバカバカしいといって、むしろその正反対《せいはんたい》にある「悪《あく》」の精神《せいしん》を重《おも》んじる「悪《あく》の武将《ぶしょう》」となります。そのため、裏切《うらぎ》りやだましうちなど戦《いくさ》に勝《か》つためならなんでもするようになるでしょう。そんな彼《かれ》がめざすのはやはり、天下統一《てんかとういつ》です。

世《よ》のため、人《ひと》のためなどではなく、すべて自分《じぶん》のために戦《いくさ》をする悪《あく》の武将《ぶしょう》・謙信《けんしん》は、どんどんと領土《りょうど》を拡大《かくだい》させ、あの織田信長《おだのぶなが》さえたおしてしまいます。かつて謙信《けんしん》と信長《のぶなが》は戦《たたか》ったことがありますが、そのときは謙信《けんしん》が信長《のぶなが》を圧倒《あっとう》したといわれていますので、信長《のぶなが》をたおしたあとは足利将軍《あしかがしょうぐん》を追放《ついほう》し、やがて天下統一《てんかとういつ》をはたすでしょう。

「悪《あく》の武将《ぶしょう》が天下人《てんかびと》だなんて……日本《にほん》はいったいどうなってしまうのですか？」

「私利私欲《しりしよく》にまみれた謙信《けんしん》のことじゃ、自分《じぶん》の好《す》きなものにまつわる政策《せいさく》ばかりおこなうでしょう」

たとえば、謙信《けんしん》は大《だい》のお酒好《さけず》きでしたから、大人全員《おとなぜんいん》にお酒《さけ》を飲《の》むことを義務化《ぎむか》し、日《に》本《ほん》を飲酒大国《いんしゅたいこく》にしてしまいます。

「飲酒大号令《いんしゅだいごうれい》なるものをだし、毎日《まいにち》お酒《さけ》を飲《の》ませるのじゃ！」

「そんなことをしたら、日本《にほん》はよっぱらいだらけになっちゃいますよ！」

「いいや、そうかんたんにゃ〜よいましぇ〜ん！（ヒクッ）」

「って、めちゃくちゃよっぱらっているじゃないですか所長《しょちょう》！」

さらに謙信《けんしん》はうめぼしも大好《だいす》きでしたから、うめぼしも毎日《まいにち》食《た》べることが義務化《ぎむか》されます（ズバリ、うめぼし大号令《だいごうれい》じゃ）。

「想像《そうぞう》しただけで口《くち》のなかにだ液《えき》が……」

このように謙信《けんしん》が義《ぎ》の武将《ぶしょう》でなければ、自分《じぶん》の好《す》きなことばかりする天下人《てんかびと》となってみんなをこまらせてしまいます。

しかし、そんな世《よ》のなかも長《なが》くはつづきません。なぜなら、お酒《さけ》もうめぼしもとりすぎると体《からだ》にわるいものですから、やがて謙信《けんしん》は体《からだ》をこわし、天下人《てんかびと》の座《ざ》をおりますので、悪《あく》の武将《ぶしょう》・謙信《けんしん》が天下人《てんかびと》となる期間《きかん》は短命《たんめい》で終《お》わるにちがいありません。

第《だい》3章《しょう》 空想《くうそう》タイムスリップ編《へん》

ここではもしも戦国武将《せんごくぶしょう》たちが現代《げんだい》にタイム
スリップしたら、どうなるかを空想《くうそう》していくゾ！
みんなは現代《げんだい》に戦国武将《せんごくぶしょう》たちがいたら、
だれに会《あ》いたいかな？
織田信長《おだのぶなが》？　豊臣秀吉《とよとみひでよし》？　徳川家康《とくがわいえやす》？　それとも……。
もしも彼《かれ》らが戦《いくさ》のない現代《げんだい》でかつやくするとしたら、
いったい、どんなことをするだろう？
どの戦国武将《せんごくぶしょう》にもぴったりの仕事《しごと》や役割《やくわり》があるはずじゃ！
ちょっと空想《くうそう》しただけでもワクワクするわい！

どの武将《ぶしょう》が
現代《げんだい》にいたら
おもしろい
かな〜？

もしも、戦国武将《せんごくぶしょう》でサッカー日本代表《にほんだいひょう》イレブンをつくったら？

ズバリ！

ワールドカップ優勝《ゆうしょう》もねらえる！
そのキーマン武将《ぶしょう》は…!?

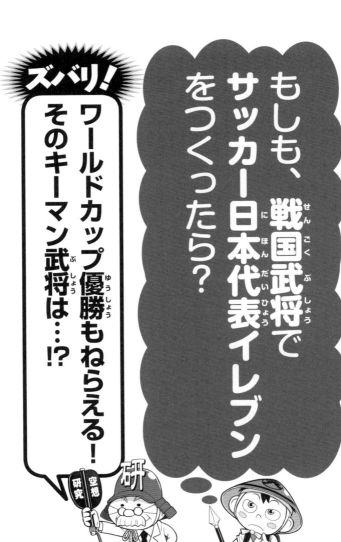

■もしも、戦国武将《せんごくぶしょう》でサッカー日本代表《にほんだいひょう》イレブンをつくったら？

フォーメーションはゴールキーパー1人《ひとり》、ディフェンダー4人《にん》、ミッドフィルダー5人《にん》、フォワード1人《ひとり》としましょう。

まず、日本《にほん》のゴールマウスを守《まも》るのは真田幸村《さなだゆきむら》です。幸村《ゆきむら》は大坂冬《おおさかふゆ》の陣《じん》において、大坂城《おおさかじょう》の弱点《じゃくてん》となる位置《いち》に築《きず》いた出城《でじろ》「真田丸《さなだまる》」で激戦《げきせん》をくりひろげ、みごとに徳川軍《とくがわぐん》の侵攻《しんこう》を防《ふせ》ぎました。そんな鉄壁《てっぺき》をほこった幸村《ゆきむら》こそゴールキーパーにふさわしいでしょう。

「真田丸《さなだまる》（さなだまる）ならぬ、真田守《さなだまも》る（さなだまもる）というわけじゃ！」

「さすが所長《しょちょう》、ナイスネーミング！」

つぎに守備《しゅび》の要《かなめ》であるセンターバックは直江兼続《なおえかねつぐ》と前田利家《まえだとしいえ》です。兼続《かねつぐ》は天下人《てんかびと》である家康《いえやす》の要求《ようきゅう》をことごとく拒否《きょひ》してつきかえした手紙《てがみ》（直江状《なおえじょう》）が有名《ゆうめい》です。どんなにすごい相手《あいて》でもおそれないメンタリティと、なんでもはねかえすディフェンス力《りょく》はセンターバックにピッタリです。

一方《いっぽう》の利家《としいえ》といえば加賀百万石《かがひゃくまんごく》といって、お米《こめ》がたくさんとれる領地《りょうち》を支配《しはい》していました。ですから、お米同様《こめどうよう》どんなボールも収穫《しゅうかく》する。つまり、刈《か》りとる（自分《じぶん》のものにする）「百万石《ひゃくまんごく》ディフェンス」でチームに貢献《こうけん》します。

　そして、右《みぎ》サイドバックは豊臣秀吉《とよとみひでよし》です。

「かつて『刀《かたな》狩《が》り』をおこなった秀吉《ひでよし》の得意技《とくいわざ》はズバリ、『ボール狩《が》り』です！」

「ボ、ボール狩《が》りってなんですか！」

「するどいスライディングで相手《あいて》のボールをうばいまくるのじゃ！」

利家《としいえ》の「百万石《ひゃくまんごく》ディフェンス」と秀吉《ひでよし》の「ボール狩《が》り」があれば、ボール奪取率《だっしゅりつ》は世界《せかい》でも屈指《くっし》の数字《すうじ》となるでしょう。

　一方《いっぽう》の左《ひだり》サイドバックは斎藤道三《さいとうどうさん》です。織田信長《おだのぶなが》の義父《ぎふ》である道三《どうさん》は、もともと油商人《あぶらしょうにん》でしたが、美濃国《みののくに》をうばいとり、一国一城《いっこくいちじょう》の主《あるじ》となった下克上《げこくじょう》の象徴的人物《しょうちょうてきじんぶつ》です。そんな国盗《くにと》りをはたした道三《どうさん》もまたボールをうばうことが得意《とくい》でしょう。

「斎藤道三《さいとうどうさん》（さいとうどうさん）だけに、サイドはとおさん（さいどはとおさん）といってかつやくするにちがいありません！」

「な、なるほど！」

　守備的《しゅびてき》ミッドフィルダーは、島津義弘《しまづよしひろ》と徳川家康《とくがわいえやす》の関ヶ原《せきがはら》の戦《たたか》いコンビ。義弘《よしひろ》といえば西軍《せいぐん》として参加《さんか》した関ヶ原《せきがはら》の戦《たたか》いにおいて、敵陣《てきじん》のなかで孤立《こりつ》するも、激戦《げきせん》をくりかえしながら敵中突破《てきちゅうとっぱ》をはたした武将《ぶしょう》として有名《ゆうめい》です。そんな彼《かれ》のことですから、ボールを持《も》つと、つねに中央突破《ちゅうおうとっぱ》をこころみる「敵中突破《てきちゅうとっぱ》ドリブル」を見《み》せます。

一方《いっぽう》、関ヶ原《せきがはら》の戦《たたか》いで東軍《とうぐん》の総大将《そうだいしょう》をつとめた家康《いえやす》。彼《かれ》は日《ひ》ごろから健康的《けんこうてき》な生活《せいかつ》をこころがけ、とても長生《ながい》きした武将《ぶしょう》でした。ですから、チームでいちばん体力《たいりょく》があり、みんながつかれる時間帯《じかんたい》でも、元気《げんき》な家康《いえやす》はボールをおいつづけます。

攻撃的《こうげきてき》ミッドフィルダーは明智光秀《あけちみつひで》（右《みぎ》サイドアタッカー）、森蘭丸《もりらんまる》（トップ下《した》）、伊達《だて》政宗《まさむね》（左《ひだり》サイドアタッカー）。そして、点《てん》をとる役目《やくめ》のフォワードは織田信長《おだのぶなが》です。

右《みぎ》サイドアタッカーの光秀《みつひで》はパサーです。本能寺《ほんのうじ》の変《へん》という謀反《むほん》をおこした光秀《みつひで》のパスは相手《あいて》ディフェンダーをあざむき、多《おお》くのチャンスを演出《えんしゅつ》しますが、ときには味方《みかた》の信長《のぶなが》さえだますようなパスで、みんなをおどろかせるかもしれません。

トップ下《した》の蘭丸《らんまる》は信長《のぶなが》のもとで、さまざまな雑用《ざつよう》をこなしていた武将《ぶしょう》です。蘭丸《らんまる》自身《じしん》に得点能力《とくてんのうりょく》はそれほどありませんが、信長《のぶなが》が点《てん》をとるためならなんでもする献身性《けんしんせい》がありますので、守備《しゅび》やどろくさいプレーでがんばります。

左《ひだり》サイドアタッカーは「独眼竜《どくがんりゅう》」の異名《いみょう》で知《し》られる政宗《まさむね》。彼《かれ》は派手好《はでず》きな武将《ぶしょう》でしたので、オーバーヘッドキックやダイビングヘッドなど、ダイナミックなプレーを好《この》みます。

そして、フォワードの信長《のぶなが》はどんなかたちからでもゴールをうばえるエースストライカーです。天下統一《てんかとういつ》の野望《やぼう》をいだいていた信長《のぶなが》のことですから、

『点《てん》がとりたい！（天下《てんか》とりたい！）』

といって、どん欲《よく》にゴールをねらっていくはず。しかし、はげしいマークやきびしいジャッジがつづくと、気《き》の短《みじか》い信長《のぶなが》はラフプレーで、レッドカード（一発退場《いっぱつたいじょう》）をもらう危険性《きけんせい》があります。もしも、信長《のぶなが》が退場《たいじょう》となれば、トップ下《した》の蘭丸《らんまる》もいっしょに退場《たいじょう》してしまうかもしれません。なぜなら、蘭丸《らんまる》は本能寺《ほんのうじ》の変《へん》の際《さい》、信長《のぶなが》といっしょに自害《じがい》したといわれているほど忠誠心《ちゅうせいしん》を持《も》っていた武将《ぶしょう》ですから、

『殿《との》が退場《たいじょう》するなら、わしも退場《たいじょう》する！』

といって、レッドカードをもらうべくラフプレーを乱発《らんぱつ》するかもしれません（もはや、森蘭丸《もりらんまる》ではなく、森乱発《もりらんぱつ》じゃ！）。

そうならないためにも、代表《だいひょう》のキャプテンは「天下泰平《てんかたいへい》」を実現《じつげん》させた家康《いえやす》がつとめ

フェアプレーをモットーとしたチームをつくるのがよいでしょう。信長《のぶなが》が暴走《ぼうそう》さえしなければ、最《さい》強《きょう》の点《てん》とり屋《や》としてかつやくし、日本代表《にほんだいひょう》をワールドカップ優勝《ゆうしょう》にみちびいてくれるかもしれません。

もしも、戦国武将《せんごくぶしょう》で
野球《やきゅう》日本《にほん》代表《だいひょう》ナインを
つくったら？

ズバリ！

WBC《ワールドベースボールクラシック》優勝《ゆうしょう》もねらえる！
やはりキーマン武将《ぶしょう》は…!?

■もしも、戦国武将《せんごくぶしょう》で野球日本代表《やきゅうにほんだいひょう》ナインをつくったら？

まず、ピッチャー（投手《とうしゅ》）はもっとも注目《ちゅうもく》を浴《あ》びるポジションですから、人気《にんき》、実力《じつりょく》ともにかねそなえた織田信長《おだのぶなが》がいいでしょう。鉄砲《てっぽう》が好《す》きだった信長《のぶなが》は、まさしく弾丸《だんがん》ストレートを武器《ぶき》にします。

「見《み》せ場《ば》は弾丸《だんがん》ストレートで三球三振《さんきゅうさんしん》をとるところじゃ」

「なるほど。かつて鉄砲《てっぽう》の３段《だん》うちで敵《てき》をおどろかせた信長様《のぶながさま》のことですから、弾丸《だんがん》ストレートの３段《だん》うち（つまり、３球勝負《きゅうしょうぶ》）で相手《あいて》をほんろうするのですね！」

「そうじゃ。ただし、たくさんの変革《へんかく》をしてきた信長《のぶなが》は変化球《へんかきゅう》もとくいなので、ときには多彩《たさい》な変化球《へんかきゅう》のくみあわせで相手《あいて》をキリキリまいにさせることもあるぞ」

そんな信長《のぶなが》の球《たま》を受《う》けることができるキャッチャー（捕手《ほしゅ》）は秀吉《ひでよし》しかいません。信長《のぶなが》のどんな無理難題《むりなんだい》も受《う》けとめてきた秀吉《ひでよし》のことですから、まさにサルのような機敏《きびん》さで、弾丸《だんがん》ストレートもするどい変化球《へんかきゅう》もしっかりキャッチするでしょう。

ファースト（一塁手《るいしゅ》）は弥助《やすけ》です。弥助《やすけ》とは信長《のぶなが》の家臣《かしん》のひとりで、もともとはイタリアの宣教師《せんきょうし》がインドからつれてきた黒人《こくじん》の大男《おおおとこ》です。彼《かれ》は信長《のぶなが》に興味《きょうみ》を持《も》たれて家臣《かしん》となった外国人《がいこくじん》ですが、とても忠実《ちゅうじつ》な人物《じんぶつ》だったため、信長《のぶなが》が日本国籍《にほんこくせき》の取得《しゅとく》をすすめれば、それにしたがうでしょう。そんな弥助《やすけ》は「十人力《じゅうにんりき》」ともいわれる力《ちから》の持《も》ち主《ぬし》ですので、日《に》本代表《ほんだいひょう》に加《くわ》わればチーム一《いち》のパワーバッターになります。

「まるで助《すけ》っ人外国人《とがいこくじん》のようですね！」

「そう。弥助《やすけ》という名《な》のとおり日本《にほん》にとって強力《きょうりょく》な助《すけ》っ人《と》になるはずじゃ！」

「弥助《やすけ》、スゲー！」

セカンド（二塁手《るいしゅ》）は直江兼続《なおえかねつぐ》。『愛《あい》』の字《じ》をかたどったカブトをかぶり、「愛《あい》の武将《ぶしょう》」と呼《よ》ばれた兼続《かねつぐ》は、チーム一野球《いちやきゅう》を愛《あい》する選手《せんしゅ》となるでしょう。だれよりも練習《れんしゅう》し、どんなボールにも食《く》らいつくため、ねばり強《づよ》い守備《しゅび》でチームに貢献《こうけん》します。

サード（三塁手《るいしゅ》）は前田慶次《まえだけいじ》。天下一《てんかいち》のかぶき者《もの》と呼《よ》ばれた慶次《けいじ》は、わるくいえば目立《めだ》ちたがり屋《や》の問題児《もんだいじ》。よくいえばまわりをもりあげるムードメーカーです。そんな彼《かれ》はサードからいつも声《こえ》をだし、チームをもりたてます。

「所長《しょちょう》、慶次様《けいじさま》はみんながもりあがる派手《はで》なプレーをたくさん見《み》せてくれますよね？」

「なにをいまさら。天下一《てんかいち》のかぶき者《もの》、前田慶次《まえだけいじ》のことじゃ、そんなのはあたりまえだ・・・

……」

「そうですよね！（あれ、所長《しょちょう》がまたダジャレをいったような……）」

そして、守備《しゅび》の要《かなめ》であるショート（遊撃手《ゆうげきしゅ》）は上杉謙信《うえすぎけんしん》です。合戦《かっせん》においてほぼ無敗《むはい》だったといわれている謙信《けんしん》のことですから、めったにエラーをすることはなく、堅実《けんじつ》な守《しゅ》備《び》でチームをささえます。また、「軍神《ぐんしん》」とも呼《よ》ばれた彼《かれ》は、たびたび神《かみ》がかった超《ちょう》ファインプレーでチームのピンチを救《すく》うでしょう。

つづいて外野《がいや》です。ライト（右翼手《うよくしゅ》）は柴田勝家《しばたかついえ》。突進力《とっしんりょく》は戦国一《せんごくいち》ともいわれる勝家《かついえ》のことですから、守備《しゅび》ではどんな打球《だきゅう》にも飛《と》びついていきます。たとえフェンスに直撃《ちょくげき》しようとも、観客席《かんきゃくせき》に飛《と》びこもうとも気《き》にしないハッスルプレーがとくちょうです。

打撃《だげき》の際《さい》も同様《どうよう》。勝家《かついえ》はボテボテのあたりやバントであっても全力疾走《ぜんりょくしっそう》し、さいごはかならずヘッドスライディングをしますので、内野安打《ないやあんだ》の数《かず》が増《ふ》え、チーム屈指《くっし》の打率《だりつ》をマークするでしょう。

センター（中堅手《ちゅうけんしゅ》）は武田信玄《たけだしんげん》です。戦国時代《せんごくじだい》にのこる信玄《しんげん》の名言《めいげん》に、つぎのような言《こと》葉《ば》がありました。

【人《ひと》は城《しろ》　人《ひと》は石垣《いしがき》　人《ひと》は堀《ほり》　情《なさ》けは味方《みかた》　仇《あだ》は敵《てき》なり】

これはどんなに強固《きょうこ》な城《しろ》や石垣《いしがき》よりも「人《ひと》」が大切《たいせつ》だという意味《いみ》です。

「いい言葉《ことば》ですね、所長《しょちょう》！」

「うむ。しかしタローくん、こんなことをいう信玄《しんげん》が野球《やきゅう》をしたら、この名言《めいげん》もまたちがったものになっていたかもしれません」

「い、いったいどうなるのですか？」

【ヒットは走《そう》　ヒットは守備《しゅび》　ヒットは肩《かた》　ヒットは味方《みかた》　三振《さんしん》は敵《てき》なり】

「ヒットばっかりじゃないですか！」

タローくんのいうとおり、信玄《しんげん》は走塁《そうるい》や守備《しゅび》よりも、とにかく「ヒット」を大切《たいせつ》にするようになりますので、日本屈指《にほんくっし》の安打製造機《あんだせいぞうき》としてかつやくします。しかし、ヒットを打《う》つこと以外《いがい》はほとんど期待《きたい》できないでしょう。

レフト（左翼手《さよくしゅ》）は徳川家康《とくがわいえやす》です。家康《いえやす》は攻守《こうしゅ》ともに派手《はで》なプレーをすることはありません。守備《しゅび》では無理《むり》に飛《と》びこんだりはせず、確実《かくじつ》にボールをとりますし、打撃《だげき》ではむずかしいボールはすべてファウルにし、チャンスボールだけ打《う》つなど、地味《じみ》ながらもねばり強《づよ》

侍《サムライ》ナインスタメン

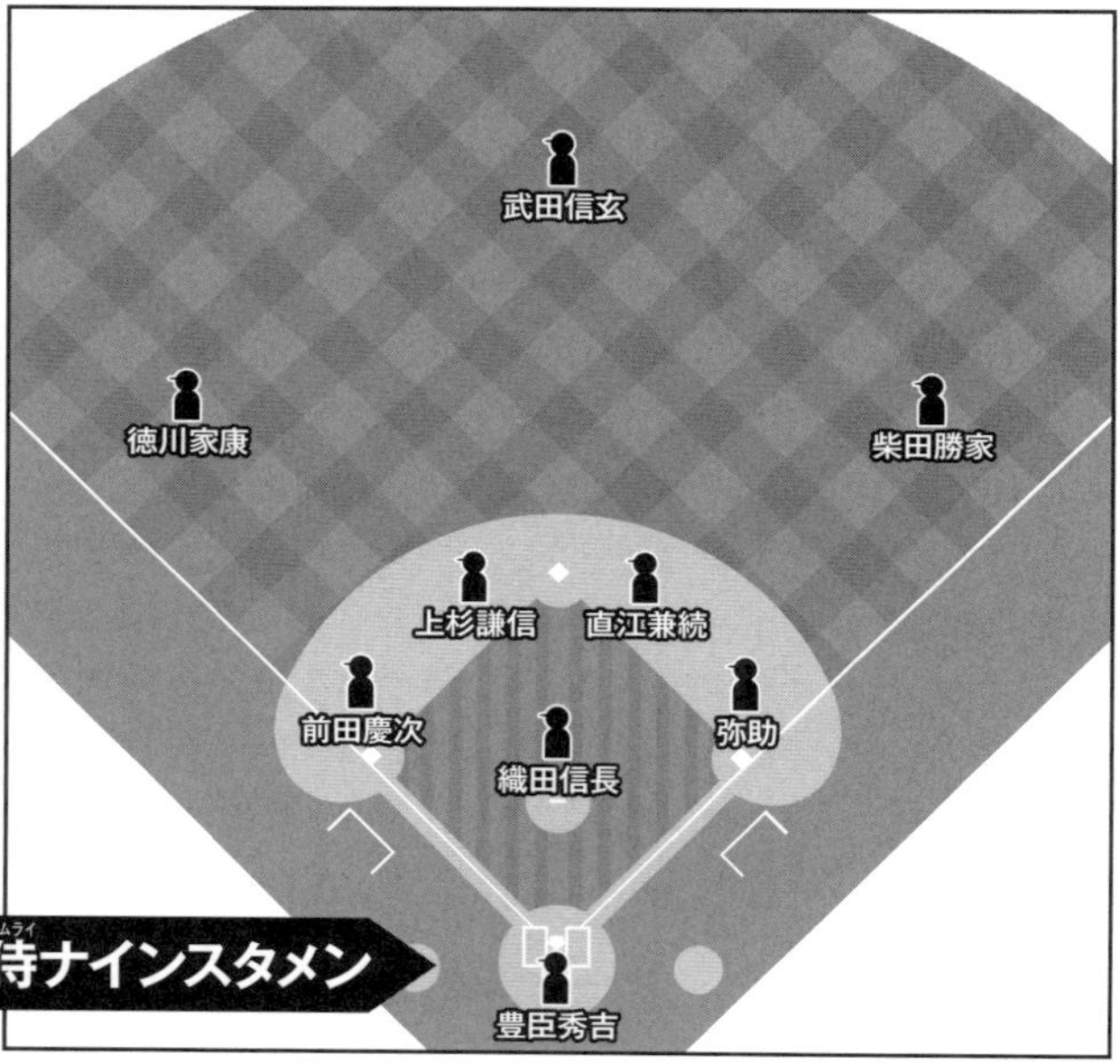

くて堅実《けんじつ》なプレーでチームをささえます。

野球《やきゅう》はやはり、ピッチャーの調《ちょう》子《し》が勝敗《しょうはい》を左右《さゆう》しますので、よくもわるくも信長《のぶなが》のチームとなります。ですから、まちがっても**【鳴《な》かぬなら　殺《ころ》してしまえ　ホトトギス】**あらため**【打《う》たぬなら　ぶつけてしまえ　デッドボール】**といって乱闘《らんとう》さわぎをおこさせないよう、信長《のぶなが》には気分《きぶん》よくピッチングをさせること。それが勝《か》つためのポイントです。

もしも、織田信長《おだのぶなが》が内閣総理大臣《ないかくそうりだいじん》で
戦国武将《せんごくぶしょう》が大臣《だいじん》だったら？

ズバリ！

スターぞろいの信長内閣《のぶながないかく》で
超《ちょう》ハッピーな日本社会《にほんしゃかい》に…!?

■もしも、織田信長《おだのぶなが》が内閣総理大臣《ないかくそうりだいじん》で戦国武将《せんごくぶしょう》が大臣《だいじん》だったら？

日本《にほん》を動《うご》かす政治家《せいじか》たちのなかでも、とくに重要《じゅうよう》な役割《やくわり》をになう大臣《だいじん》。もしも、その役《やく》職《しょく》に戦国武将《せんごくぶしょう》がついたら、日本《にほん》はどうなるでしょうか。

まず、いちばんえらい内閣総理大臣《ないかくそうりだいじん》は織田信長《おだのぶなが》です。かつて自由《じゆう》に商売《しょうばい》ができるよう「楽市楽座《らくいちらくざ》」という経済政策《けいざいせいさく》をおこなった信長《のぶなが》のことですから、彼《かれ》が総理大臣《そうりだいじん》になれば、日本《にほん》の経済《けいざい》はますます発展《はってん》するでしょう。さらに信長《のぶなが》はみんなが楽《たの》しく暮《く》らせるよう、どんどんあたらしい政策《せいさく》を発表《はっぴょう》します。

「たとえば、1日《にち》の働《はたら》く時間《じかん》や勉強《べんきょう》する時間《じかん》を短《みじか》くする政策《せいさく》はどうでしょう？」

「それはいいですね」

「学校《がっこう》も会社《かいしゃ》も午前中《ごぜんちゅう》で終《お》わり。お昼《ひる》からはみんな好《す》きに遊《あそ》んでいいという『楽市楽座《らくいちらくざ》』ならぬ『毎日楽《まいにちらく》さ』政策《せいさく》じゃ」

「毎日楽《まいにちらく》さ政策《せいさく》、バンザーイ！」

つづいて、国《くに》のお金《かね》を管理《かんり》する財務大臣《ざいむだいじん》は前田利家《まえだとしいえ》です。利家《としいえ》はかつて兵士《へいし》をやとうお金《かね》を節約《せつやく》しすぎたため、戦場《せんじょう》で人《ひと》が足《た》りなくなったという話《はなし》があるほどの節約家《せつやくか》です。そんな彼《かれ》が財務大臣《ざいむだいじん》になれば、正《ただ》しいお金《かね》のつかいかたをしてくれるはずです。

つぎに農林水産大臣《のうりんすいさんだいじん》。農業《のうぎょう》、漁業《ぎょぎょう》をさかんにし、食《しょく》の安心《あんしん》、安定供給《あんていきょうきゅう》ができるようにつとめる農林水産大臣《のうりんすいさんだいじん》は豊臣秀吉《とよとみひでよし》です。

秀吉《ひでよし》は農民出身《のうみんしゅっしん》といわれていますし、「太閤検地《たいこうけんち》」で全国《ぜんこく》の土地《とち》を検査《けんさ》し、そのひろさや、とれるお米《こめ》の量《りょう》をはかることで土地《とち》の価値《かち》をきめた人物《じんぶつ》でもあります。

さらに秀吉《ひでよし》は領主《りょうしゅ》ではなく、実際《じっさい》に土地《とち》を耕《たがや》す農民《のうみん》をその地《ち》の所有者《しょゆうしゃ》としてみとめたため、農民《のうみん》たちはよりいっそう農業《のうぎょう》をがんばるようになりました。

「ところでタローくん、秀吉《ひでよし》が太閤検地《たいこうけんち》をおこなった年号《ねんごう》を知《し》っていますか？」

「えーと、たしか15《せんごひゃく》……、158《せんごひゃくはちじゅう》……」

「ヒントはいま、わしがはいているパンツの柄《がら》じゃ」

「パンツの柄《がら》ってなんですか！　でも、たしか太閤検地《たいこうけんち》は1582年《ねん》ですよね」

「正解《せいかい》！　1582年《ねん》（イチゴパ《1582》ンツ）じゃ！」

「やった！　ていうか所長《しょちょう》、なんでイチゴパンツをはいているんですか！」

つづいて、道路《どうろ》や建物《たてもの》にまつわる政策《せいさく》をおこなう国土交通大臣《こくどこうつうだいじん》は武田信玄《たけだしんげん》です。昔《むかし》から

「川《かわ》を制《せい》するものは国《くに》を制《せい》する」という言葉《ことば》がありますが、信玄《しんげん》はまさにその言葉《ことば》どおり、治水事業《ちすいじぎょう》に力《ちから》をいれました。「信玄堤《しんげんづつみ》」という堤防《ていぼう》をつくり、新田開発《しんでんかいはつ》につとめた彼《かれ》が国《こく》土交通大臣《どこうつうだいじん》になれば、日本《にほん》はより便利《べんり》になるでしょう。

そして、日本《にほん》の平和《へいわ》を守《まも》る防衛大臣《ぼうえいだいじん》は徳川家康《とくがわいえやす》。江戸幕府《えどばくふ》をひらいたことで約《やく》２６５年《ねん》にもわたる泰平《たいへい》（平和《へいわ》）の世《よ》を築《きず》いた家康《いえやす》こそ、防衛大臣《ぼうえいだいじん》にうってつけの人物《じんぶつ》です。

つぎは外務大臣《がいむだいじん》。世界各国《せかいかっこく》とよりよい関係《かんけい》をつくり、外交政策《がいこうせいさく》をすすめる外務大臣《がいむだいじん》は大《おお》友宗麟《ともそうりん》です。宗麟《そうりん》は「豊後《ぶんご》の王《おう》」と呼《よ》ばれ、一時期《いちじき》は九州最大《きゅうしゅうさいだい》の勢力《せいりょく》をほこった武将《ぶしょう》です。

また、キリシタン大名《だいみょう》としても有名《ゆうめい》な宗麟《そうりん》は九州《きゅうしゅう》で南蛮貿易《なんばんぼうえき》をおこなったり、中国《ちゅうごく》やフィリピンへ貿易船《ぼうえきせん》を派遣《はけん》したりするなど、とても外国《がいこく》と仲《なか》よくする力《ちから》にすぐれていました。

「所長《しょちょう》、外務大臣《がいむだいじん》はやはり、英語《えいご》が話《はな》せたほうがいいのでしょうか？」

「そりゃそうじゃ。宗麟《そうりん》もかんたんな英語《えいご》くらいは話《はな》せたはず。あやまるときは『ソーリー、ソーリー、アイム　ソウリン（宗麟《そうりん》）！』といったにちがいありません」

「そんなわけあるか！」

つづいて、文部科学大臣《もんぶかがくだいじん》は伊達政宗《だてまさむね》です。彼《かれ》は和歌《わか》、茶道《さどう》、能楽《のうがく》などいろいろな教養《きょうよう》を身《み》につけていた人物《じんぶつ》でもありますから、教育《きょういく》や学術《がくじゅつ》にまつわる政策《せいさく》をおこなう文部科学大臣《もんぶかがくだいじん》が適任《てきにん》です。

また、文部科学大臣《もんぶかがくだいじん》はオリンピックをもりあげる役職《やくしょく》でもありますので、派手《はで》なパフォーマンスが得意《とくい》な政宗《まさむね》であれば、世界《せかい》があっとおどろくような企画《きかく》や演出《えんしゅつ》で２０２０年《ねん》の東京《とうきょう》オリンピックもりあげてくれるでしょう。

このように、もしも、大臣《だいじん》が全員戦国武将《ぜんいんせんごくぶしょう》ならば、国会《こっかい》がひらかれる「国会議事堂《こっかいぎじどう》」も戦国《せんごく》らしく、お城《しろ》として建設《けんせつ》しなおしたほうがよいかもしれません。

その建築《けんちく》は加藤清正《かとうきよまさ》に任《まか》せるといいでしょう。秀吉《ひでよし》の家臣《かしん》である彼《かれ》は築城《ちくじょう》の名手《めいしゅ》としても知《し》られています。彼《かれ》が築《きず》いた熊本城《くまもとじょう》は日本一難攻不落《にほんいちなんこうふらく》の城《しろ》といわれていますから、きっと立派《りっぱ》な「国会議事城《こっかいぎじじょう》」をつくりあげてくれるにちがいありません。

「所長《しょちょう》、国会議事城《こっかいぎじじょう》をつくるだなんて、そんなことが可能《かのう》なのですか？」

「いいや、タローくん。これはほんのジョー（城《じょう》）ダンじゃ（お城《しろ》だけに！）」

「いいかげんにしろ（城《しろ》）！」

国会議事城《こっかいぎじじょう》の建設《けんせつ》はわかりませんが、武将《ぶしょう》たちが大臣《だいじん》になったら、それぞれ歴史《れきし》に名《な》をのこしたスゴイ人《ひと》たちばかりですから、みんなの理想《りそう》が現実《げんじつ》になる可能性《かのうせい》もグッと高《たか》くなることでしょう。

もしも、戦国武将《せんごくぶしょう》がショッピングモールで働《はたら》いていたら？

ズバリ！

個性派《こせいは》ショップがそろう戦国《せんごく》ショッピングモールに…!?

■もしも、戦国武将《せんごくぶしょう》がショッピングモールで働《はたら》いていたら？

ショッピングモールにはたくさんのお店《みせ》がならんでいますが、もしも、戦国武将《せんごくぶしょう》たちが働《はたら》いていたら、いったいだれがどんなお店《みせ》にいるでしょうか。

まずは織田信長《おだのぶなが》。信長《のぶなが》は子供《こども》のころ、「うつけ者《もの》」と呼《よ》ばれていました。意味《いみ》は「ふつうではない行動《こうどう》をする者《もの》（バカ者《もの》）」です。じつはそんな信長《のぶなが》がショッピングモールで働《はたら》くとしたら、ピッタリのお店《みせ》があります。

「それはズバリ、お漬《つ》け物《もの》（おつけもの）屋《や》さんです。うつけ者《もの》（うつけもの）だけに！」

「なるほど、さすが所長《しょちょう》！」

信長《のぶなが》はご飯《はん》にお湯《ゆ》をいれ、お漬《つ》け物《もの》といっしょに食《た》べる「湯漬《ゆづ》け」が好物《こうぶつ》でした。これはいまでいうお茶漬《ちゃづ》けのようなものですが、当時《とうじ》はお茶《ちゃ》が高価《こうか》なものでしたので、お湯《ゆ》をつかっていました。うつけ者《もの》と呼《よ》ばれていたうえに、お漬《つ》け物《もの》もよく食《た》べていた信長《のぶなが》はまさにお漬《つ》け物屋《ものや》さんで働《はたら》くのがピッタリです。

つづいて、関ヶ原《せきがはら》の戦《たたか》いで西軍《せいぐん》の主導者《しゅどうしゃ》だった石田三成《いしだみつなり》。彼《かれ》が働《はたら》くなら、お茶屋《ちゃや》さんがいいでしょう。なぜなら、彼《かれ》は秀吉《ひでよし》にだした『三杯《ばい》のお茶《ちゃ》』の話《はなし》で有名《ゆうめい》な武将《ぶしょう》でもあるからです。

これはノドがかわいていた秀吉《ひでよし》にお茶《ちゃ》をもとめられたときの話《はなし》です。三成《みつなり》はノドがかわいている秀吉《ひでよし》に対《たい》し、1杯目《ぱいめ》はゴクゴクと飲《の》めるようなぬるめのお茶《ちゃ》をだしました。そしてノドがうるおうと、2杯目《はいめ》、3杯目《ばいめ》はおちついてゆっくり飲《の》めるような熱《あつ》めのお茶《ちゃ》をだしたそうです。この気配《きくば》りが秀吉《ひでよし》にみとめられ、三成《みつなり》は秀吉《ひでよし》の家臣《かしん》となりました。

こんな気配《きくば》り上手《じょうず》な三成《みつなり》のことですから、お店《みせ》にはいっただけで、

『自由《じゆう》に飲《の》んでいってくださーい』

と紙《かみ》コップにお茶《ちゃ》をいれてくれるでしょう（もちろん3杯《ばい》！）。

つぎは豊臣秀吉《とよとみひでよし》。秀吉《ひでよし》は靴屋《くつや》さんです。冬《ふゆ》のさむいとき、秀吉《ひでよし》は信長《のぶなが》のゾウリが冷《つめ》たくならないよう着物《きもの》の胸元《むなもと》にいれて温《あたた》めたといわれています。そんな秀吉《ひでよし》が働《はたら》く靴屋《くつや》さんでは、どんなお客《きゃく》さんに対《たい》しても、

『試《ため》しにはいてみますか？　それとも温《あたた》めますか？』

と声《こえ》をかけてまわります。

「ちょっと待《ま》ってください所長《しょちょう》。靴《くつ》を温《あたた》めるって、お弁当《べんとう》じゃないんですから！」

たしかにタロークんのいうとおり。さすがの秀吉《ひでよし》もショッピングモールで靴《くつ》を温《あたた》めることはしないかもしれません。秀吉《ひでよし》はそれほどの心《こころ》づかいができた人物《じんぶつ》でしたので、靴《くつ》ではなく、人《ひと》の心《こころ》が温《あたた》まるような対応《たいおう》で人気《にんき》のカリスマ店員《てんいん》さんになるでしょう。

つぎは今川義元《いまがわよしもと》です。義元《よしもと》といえば「桶狭間《おけはざま》の戦《たたか》い」で信長《のぶなが》に敗《やぶ》れた武将《ぶしょう》として知《し》られていますが、彼《かれ》は「海道一《かいどういち》の弓《ゆみ》とり」という異名《いみょう》を持《も》つ強《つよ》い武将《ぶしょう》でした。

海道《かいどう》とは東海道《とうかいどう》のことをいい、義元《よしもと》が「駿河国《するがのくに》・遠江国《とおとうみのくに》（現在《げんざい》の静岡県《しずおかけん》）」を支配《しはい》していたことから、そう呼《よ》ばれました。

そんな彼《かれ》が働《はたら》くのはクリーニング屋《や》です。「海道一《かいどういち》の弓《ゆみ》とり」あらため「海道一《かいどういち》のシミとり」というキャッチフレーズで、どんなシミもとることができる優秀《ゆうしゅう》なクリーニング屋《や》さんになるでしょう。

つづいて長宗我部元親《ちょうそかべもとちか》。土佐国《とさのくに》（高知県《こうちけん》）出身《しゅっしん》の元親《もとちか》は四国《しこく》を統一《とういつ》したため、「四国《しこく》の覇者《はしゃ》」と呼《よ》ばれた人物《じんぶつ》です。そんな彼《かれ》はつぎのような言葉《ことば》をのこしています。

【一芸《いちげい》に熟達《じゅくたつ》せよ　多芸《たげい》を欲張《よくば》るものは巧《たく》みならず】

これは「いろんなことに手《て》をだすのではなく、ひとつのことをきわめなさい」という意《い》味《み》です。こんなことをいうくらいですから、もちろん彼《かれ》もひとつのこと（仕事《しごと》）だけを追《つい》求《きゅう》し、その結果《けっか》、立派《りっぱ》な歯医者《はいしゃ》さんとして働《はたら》くことになるでしょう。

「所長《しょちょう》、どうして歯医者《はいしゃ》さんなのですか？」

「元親《もとちか》は四国《しこく》の覇者《はしゃ》と呼《よ》ばれた人物《じんぶつ》なわけですから、仕事《しごと》も覇者《はしゃ》ならぬ歯医者《はいしゃ》がいちばんお似合《にあ》いだからじゃ！」

「そ、そんなかんたんな理由《りゆう》で！」

つづいては武田信玄《たけだしんげん》です。彼《かれ》のかぶっていたカブトは、前面《ぜんめん》に黄金《おうごん》の角《つの》を生《は》やした鬼《おに》の顔《かお》があり、頭《あたま》にはヤクという動物《どうぶつ》の白《しろ》い毛《け》がモサモサと生《は》えているのがとくちょう的《てき》です。また、つけていたヨロイや旗印《はたじるし》も真紅《しんく》に染《そ》められており、とてもあざやかなものでした。

そんな魅力的《みりょくてき》な信玄《しんげん》が働《はたら》くなら、服屋《ふくや》さんがいいでしょう。とくに「甲斐《かい》の虎《とら》」と呼《よ》ばれた信玄《しんげん》のことですから、虎柄《とらがら》の服《ふく》をたくさん売《う》るにちがいありません。

「虎柄《とらがら》の服《ふく》って、なんだか大阪《おおさか》の人《ひと》みたいだ……」

「さすがタローちゃんやで。虎柄《とらがら》いうたら、うちの大好物《だいこうぶつ》でんがな！」

「ひええ、所長《しょちょう》がいきなり大阪《おおさか》のオバチャンみたいになった！」

「そうやタローちゃん、アメちゃんあげるわ！」
「い、いりませーん！（汗《あせ》）」
このほかにも、団子《だんご》が好《す》きだった毛利元就《もうりもとなり》が和菓子屋《わがしや》さんで働《はたら》いていたり、読書家《どくしょか》だった徳川家康《とくがわいえやす》が本屋《ほんや》さんで働《はたら》いていたりするはずです。読者《どくしゃ》のみんななら、どの武将《ぶしょう》がどんなお店《みせ》で働《はたら》いているところを空想《くうそう》しますか。いいアイデアがあれば、空想武将研究所《くうそうぶしょうけんきゅうじょ》に報《ほう》告《こく》してください。

もしも、戦国武将《せんごくぶしょう》がYouTuber《ユーチューバー》だったら？
ズバリ！
人気《にんき》のYouTuber《ユーチューバー》が誕生《たんじょう》！
そのおどろきの投稿内容《とうこうないよう》とは…!?
研
空想研究

■もしも、戦国武将《せんごくぶしょう》がYouTuber《ユーチューバー》だったら？

「武運《ぶうん》（ブン）、武運《ぶうん》（ブン）、ハロー、ユーチューブ！」

「所長《しょちょう》、なんですかそのあいさつは！」

世《よ》のなかには動画投稿《どうがとうこう》サイト「YouTube《ユーチューブ》」に動画《どうが》を投稿《とうこう》して、みんなを楽《たの》しませるYouTuber《ユーチューバー》と呼《よ》ばれる人《ひと》たちがたくさんいます。そこで、もしも、戦国武将《せんごくぶしょう》たちがYouTuber《ユーチューバー》だったら、どんな動画《どうが》を投稿《とうこう》するでしょうか。

たとえば織田信長《おだのぶなが》。彼《かれ》は南蛮貿易《なんばんぼうえき》で外国《がいこく》の品物《しなもの》をたくさんとりいれ、日本《にほん》で初《はじ》めてワインを飲《の》んだ人《ひと》ともいわれています。もしも、そんな信長《のぶなが》がYouTuber《ユーチューバー》だったら、新《しん》商品《しょうひん》やはやりの品物《しなもの》を楽《たの》しくしょうかいする動画《どうが》を投稿《とうこう》するでしょう。

「本日《ほんじつ》の信長《のぶなが》チャンネルの動画《どうが》タイトルはこちら！」

【（新商品《しんしょうひん》）激辛《げきから》カップラーメンを食《た》べてみたでござる！】

「待《ま》ってください所長《しょちょう》。信長様《のぶながさま》はあまいものが好《す》きなのでは？（激辛《げきから》なんてだいじょうぶ？）」

タローくんのいうとおり、信長《のぶなが》は金平糖《こんぺいとう》や団子《だんご》といったあまい食《た》べ物《もの》が好《す》きだったそうです。しかし、だからこそ激辛《げきから》カップラーメンを食《た》べたときのリアクションが動画《どうが》の見《み》どころになります。

「信長様《のぶながさま》はどうなってしまうのですか？」

「もちろん、大激怒《だいげきど》じゃ」

「ええええ！」

『か、か、からすぎじゃ！　なんのためにこんな激辛《げきから》をつくるんじゃ！（バカヤロー！）』

信長《のぶなが》はいつもハイテンションで商品《しょうひん》をしょうかいしますので、人《ひと》によってはさわがしい動画《どうが》に思《おも》えるかもしれません。また、それが近所迷惑《きんじょめいわく》の原因《げんいん》にもなるため、いつかとなりの住人《じゅうにん》がどなりこんでくるかもしれません。

つづいては豊臣秀吉《とよとみひでよし》。秀吉《ひでよし》の性格《せいかく》といえば**【鳴《な》かぬなら　鳴《な》かせてみせよう　ホトトギス】**といわれるように、とても創意工夫《そういくふう》が得意《とくい》な人《ひと》でした。発想力《はっそうりょく》があり、いろんなアイデアを持《も》つ秀吉《ひでよし》は、まだ、だれもやっていないことにチャレンジする動画《どうが》を投稿《とうこう》します。

「本日《ほんじつ》の秀吉《ひでよし》チャンネルの動画《どうが》はこちら！」

【大坂城《おおさかじょう》の地面《じめん》をとにかくほりつづけてみた！】

秀吉《ひでよし》が建《た》てた大坂城《おおさかじょう》は「大坂夏《おおさかなつ》の陣《じん》」のあと、徳川家《とくがわけ》によって再建《さいけん》され、その石垣《いしがき》は地《ち》中深《ちゅうふか》くに埋《う》められてしまいました。そのため、秀吉時代《ひでよしじだい》に築《きず》かれた大坂城《おおさかじょう》は、いまはもう見《み》ることができません。

「しかし、見《み》られるものなら見《み》たいですよね？」

「そりゃそうですよ。大坂城《おおさかじょう》といえば、やっぱり秀吉様《ひでよしさま》ですから！」

そこで、ＹｏｕＴｕｂｅｒ《ユーチューバー》秀吉《ひでよし》はあらゆる穴《あな》ほり機《き》を持《も》って大坂城《おおさかじょう》へむかいます。秀吉《ひでよし》時代《じだい》の石垣《いしがき》は地中《ちちゅう》にねむっているため、運《うん》がよければほりあてられる可能性《かのうせい》があります。

ですから秀吉《ひでよし》は、

『うおおお、わしの石垣《いしがき》をかえせ！　大坂城《おおさかじょう》をかえせ！』

と朝《あさ》から晩《ばん》まで地面《じめん》をほりつづけます。もしも、石垣《いしがき》らしきものが見《み》つかればこの動画《どうが》は神回《かみかい》になりますし、見《み》つからなくても、秀吉《ひでよし》はほかにほりあてた品物《しなもの》をおもしろおかしくしょうかいして楽《たの》しませてくれるでしょう。

つぎは明智光秀《あけちみつひで》。光秀《みつひで》はマジメな性格《せいかく》だったため、ドタバタとさわいだり、ムチャなことはしません。彼《かれ》は歌《うた》や茶《ちゃ》の湯《ゆ》といった文化的《ぶんかてき》な趣味《しゅみ》があった人《ひと》ですので、動画《どうが》はまったりとおちついたものが多《おお》く、散歩動画《さんぽどうが》や旅行動画《りょこうどうが》などののんびりした動画《どうが》も投稿《とうこう》するでしょう。

「所長《しょちょう》、旅行動画《りょこうどうが》だと【遊園地《ゆうえんち》にいってみた！】というのはどうでしょうか？」

「それはタローくんがいきたいだけじゃろ！」

「バ、バレましたか……」

「それよりもいい旅行先《りょこうさき》があるぞ」

「どこですか？」

「それはズバリ、ここじゃ！（本日《ほんじつ》の光秀《みつひで》チャンネル！）」

【京都《きょうと》にきたから、ひさしぶりに本能寺《ほんのうじ》へいってみた！】

「えええ！　光秀《みつひで》が本能寺《ほんのうじ》に！（汗《あせ》）」

現在《げんざい》、本能寺《ほんのうじ》は移転《いてん》しており、かつて本能寺《ほんのうじ》の変《へん》がおきた場所《ばしょ》（本能寺跡《ほんのうじあと》）には石碑《せきひ》が建《た》っているだけです。教養《きょうよう》のある光秀《みつひで》のことですから、そういった説明《せつめい》や、京都《きょうと》の歴史《れきし》をまじえたのんびりとした旅行動画《りょこうどうが》を投稿《とうこう》するでしょう。

しかし、そんなまったりＹｏｕＴｕｂｅｒ《ユーチューバー》の光秀《みつひで》ですが、もしも、本能寺跡《ほんのうじあと》を訪《おとず》れた際《さい》、

『じつは本能寺《ほんのうじ》の変《へん》には、いろいろと理由《りゆう》があってさ……』

などと日本《にほん》史《し》上《じょう》最《さい》大《だい》のミステリーといわれる大事件《だいじけん》をおこした理由《りゆう》について語《かた》ったとしたら、それはとんでもない神回《かみかい》になることでしょう（もはや、日本中《にほんじゅう》が大《だい》パニックじゃ！）。

もしも、戦国武将《せんごくぶしょう》がオリンピック選手《せんしゅ》だったら？

ズバリ！

各競技《かくきょうぎ》でメダルラッシュ！　問題《もんだい》はどの競技《きょうぎ》にだれが出場《しゅつじょう》するか…!?

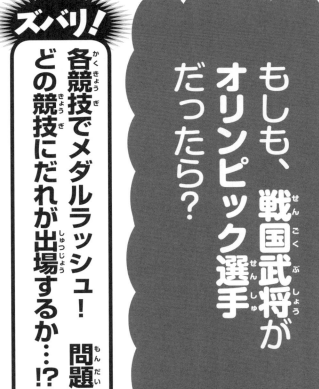

■もしも、戦国武将《せんごくぶしょう》がオリンピック選手《せんしゅ》だったら？

まず、織田信長《おだのぶなが》は200メートル走《そう》でどうでしょうか。なぜなら信長《のぶなが》は合戦《かっせん》において、とてもにげ足《あし》の速《はや》かった武将《ぶしょう》としても知《し》られているからです。

有名《ゆうめい》なのは「金ケ崎《かねがさき》の退《の》き口《くち》」と呼《よ》ばれるものです。これは朝倉軍《あさくらぐん》の討伐《とうばつ》に動《うご》いた信長《のぶなが》に対《たい》し、同盟《どうめい》をむすんでいたはずの浅井長政《あざいながまさ》が裏切《うらぎ》ってはさみうちをしかけてきたため、包囲《ほうい》される前《まえ》に撤退《てったい》をきめたことをいいます。

信長《のぶなが》は戦況《せんきょう》が不利《ふり》になるとにげることもひとつの手段《しゅだん》と考《かんが》えていましたので、そのにげ足《あし》の速《はや》さをいかして、200メートル走《そう》に出場《しゅつじょう》するとよいでしょう。

「にげきるためには、やはり、スタートダッシュが大事《だいじ》になりますね」

「そのとおり。でも安心《あんしん》してくれてよいぞ、タローくん。なぜなら信長《のぶなが》はスタートダッシュが得意《とくい》じゃ」

200メートル走《そう》のスタートの合図《あいず》は「パンッ！」という銃《じゅう》の発砲音《はっぽうおん》です。かつて銃《じゅう》を大量《たいりょう》につかった信長《のぶなが》のことですから、発砲音《はっぽうおん》にはだれよりも敏感《びんかん》です。そのため、信長《のぶなが》は最高《さいこう》のスタートダッシュをきめ、あとはだれにも抜《ぬ》かれないようなにげの走《はし》りでゴールするでしょう。

つぎは豊臣秀吉《とよとみひでよし》。秀吉《ひでよし》はレスリングがいいでしょう。レスリングは強烈《きょうれつ》なタックルも見《み》所《どころ》ですが、やはり、豪快《ごうかい》なかえし技《わざ》がきまるとてもりあがります。

「所長《しょちょう》、どうして秀吉様《ひでよしさま》はレスリングなのですか？」

「なにをかくそう、秀吉《ひでよし》はかえし技《わざ》の天才《てんさい》だからじゃ」

かつて、秀吉《ひでよし》は本能寺《ほんのうじ》の変《へん》のあとすぐ、謀反《むほん》をおこした光秀《みつひで》を追《お》いかけました。このとき秀吉《ひでよし》は備中《びっちゅう》（現在《げんざい》の岡山県《おかやまけん》）から京都《きょうと》までの道《みち》のり（約《やく》２００キロ）をたったの10日間《かかん》で移動《いどう》したといわれています。京都《きょうと》にもどった秀吉《ひでよし》は「山崎《やまざき》の合戦《かっせん》」で明智軍《あけちぐん》に勝利《しょうり》しますが、この歴史上《れきしじょう》まれにみる大移動《だいいどう》を「中国大返《ちゅうごくおおがえ》し」と呼《よ》びました。そんな大返《おおがえ》しをきめた秀吉《ひでよし》がレスリングでかえし技《わざ》をきめないわけがありません。

「やはり、秀吉様《ひでよしさま》は金《きん》メダル候補《こうほ》でしょうか？」

「もちろんじゃ。金《きん》ピカの茶室《ちゃしつ》をつくるほど金《きん》が好《す》きな人《ひと》ですから、めざすは金《きん》メダル以《い》外《がい》にありません！」

つぎは武田信玄《たけだしんげん》。信玄《しんげん》はスパイをつかって全国各地《ぜんこくかくち》の情報《じょうほう》を集《あつ》めていたので、まるで日《に》本中《ほんじゅう》を歩《ある》きまわっているかのようになんでも知《し》っている人《ひと》でした。そのため、彼《かれ》は「足長《あしなが》坊主《ぼうず》」と呼《よ》ばれています。

そんな足長坊主《あしながぼうず》こと信玄《しんげん》がオリンピック選手《せんしゅ》だったら、マラソン選手《せんしゅ》がいいでしょう。マラソンは42・195キロという長距離《ちょうきょり》を走《はし》りますので、足《あし》が長《なが》ければ、一歩一歩《いっぽいっぽ》に差《さ》がでます。さらに、競技中《きょうぎちゅう》はいたるところにスパイがいて、コースの状態《じょうたい》や天気《てんき》の様子《ようす》を知《し》らせてくれますので、有利《ゆうり》なレース展開《てんかい》ができるでしょう。

「所長《しょちょう》、足《あし》が長《なが》いことが有利《ゆうり》なのはわかりますけど……坊主《ぼうず》である必要《ひつよう》はあるのですか！」

「それはない！」

「ないんかい！」

つづいては柴田勝家《しばたかついえ》。彼《かれ》は別名《べつめい》「瓶割《びんわ》り柴田《しばた》」と呼《よ》ばれています。これはろう城中《じょうちゅう》、敵《てき》に水《みず》を止《と》められていたにもかかわらず、水《みず》のはいった貴重《きちょう》な瓶《びん》をわざと割《わ》ったためにつけられた呼《よ》び名《な》です。というのも、このときすでに水《みず》は底《そこ》をつきつつあったため、勝家《かついえ》は、

『どうせ死《し》ぬなら、城《しろ》をでて戦《たたか》おう！』

という意思表示《いしひょうじ》のためにこのような行動《こうどう》をとりました。

そんな勝家《かついえ》だからこそかがやく競技《きょうぎ》があります。それは水泳《すいえい》です。たっぷりの水《みず》のなかを泳《およ》ぐことができる幸《しあわ》せは、水《みず》に苦《くる》しんだ勝家《かついえ》にしかわかりません。

「勝家《かついえ》は水《みず》のありがたさを全身《ぜんしん》で感《かん》じ、『水《すい》イエーイ（水泳《すいえい》）！　勝《かつ》イエーイ（勝家《かついえ》）！』といって、生《い》き生《い》きとしたスイミングを見《み》せてくれるでしょう！」

「そんなわけあるか！」

つづいて鉄砲《てっぽう》の名手《めいしゅ》で知《し》られた明智光秀《あけちみつひで》は柔道《じゅうどう》がいいでしょう。

「ちょっと待《ま》ってください所長《しょちょう》。それだったら、射撃《しゃげき》のほうがいいのではないですか？」

「いいえ、柔道《じゅうどう》には『柔《じゅう》（銃《じゅう》）よく剛《ごう》を制《せい》す』という言葉《ことば》がありますから、光秀《みつひで》は柔道《じゅうどう》でもきっとかつやくしてくれるはずです！」

ここまでは夏《なつ》の競技《きょうぎ》でしたが、冬《ふゆ》の競技《きょうぎ》も見《み》てみましょう。

たとえば徳川家康《とくがわいえやす》。彼《かれ》はつぎのような言葉《ことば》をのこしていました。

【得意絶頂《とくいぜっちょう》のときほど隙《すき》ができることを知《し》れ】

これは「絶好調《ぜっこうちょう》のときほどスキができるので注意《ちゅうい》せよ」という意味《いみ》です。こんなことをいう家康《いえやす》が冬《ふゆ》のオリンピックに出場《しゅつじょう》するなら、スキージャンプがいいでしょう。なぜなら、

『絶好調《ぜっこうちょう》のときほどスキ（スキー）ができる』のですから、きっと大記録《だいきろく》をだしてくれるにちがいありません。

このほかにも、スピードスケートやフィギュアスケートなど冬《ふゆ》の競技《きょうぎ》でもかつやくできそうな武将《ぶしょう》たちはたくさんいますので、みんなもいっしょに夏《なつ》・冬《ふゆ》のオリンピックを応援《おうえん》しましょう。

第《だい》4章《しょう》 空想武将《くうそうぶしょう》なんでもランキング

いちばんモテそうな武将《ぶしょう》はだれかな?
ケンカが強《つよ》そうな武将《ぶしょう》はだれだろう?
ここではそんな空想《くうそう》をテーマに戦国武将《せんごくぶしょう》たちをランクづけしていくゾ!
どの戦国武将《せんごくぶしょう》にもまだまだ知《し》られていない一面《いちめん》がある。
今回《こんかい》はそんな一面《いちめん》を調査《ちょうさ》してみたところ、
意外《いがい》なランキング結果《けっか》になったゾ!
どの武将《ぶしょう》がどんな理由《りゆう》でランクインしているか、
予想《よそう》しながら読《よ》んでくれ!

このランキングならあの武将《ぶしょう》が1位《い》かな～?

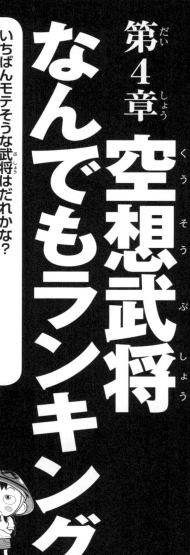

いちばん教科書《きょうかしょ》で落書《らくが》きされた武将《ぶしょう》はだれだ？

ズバリ！

戦国武将《せんごくぶしょう》が完敗《かんぱい》！あの偉人《いじん》が堂々《どうどう》の1位《い》に…!?

■いちばん教科書《きょうかしょ》で落書《らくが》きされた武将《ぶしょう》はだれだ?

みなさんは授業中《じゅぎょうちゅう》、教科書《きょうかしょ》に落書《らくが》きした経験《けいけん》はないでしょうか。

「所長《しょちょう》、ボクは毎日落書《まいにちらくが》きをしてます!」

「さすがタローくんじゃ。しかし、そんなに堂々《どうどう》というものではないぞ。マジメに授業《じゅぎょう》を受《う》けていないみたいじゃないか……」

「す、すみません!」

歴史《れきし》の教科書《きょうかしょ》にでてくる偉大《いだい》な人物《じんぶつ》の顔写真《かおじゃしん》に落書《らくが》きして、友達《ともだち》を笑《わら》わせるなどケシカラン遊《あそ》びですが、これが実《じつ》に楽《たの》しいものでした。

「まあ、わしも少年《しょうねん》のころはよく落書《らくが》き遊《あそ》びをしておった」

「所長《しょちょう》もやってたんじゃないですか!」

「思《おも》いだせば、小学《しょうがく》5年生《ねんせい》のころじゃ。社会《しゃかい》の授業中《じゅぎょうちゅう》、西郷隆盛《さいごうたかもり》の女装姿《じょそうすがた》や徳川家康《とくがわいえやす》のサングラス姿《すがた》をとなりの席《せき》の鈴木《すずき》くんに見《み》せて笑《わら》わせていた。しずまりかえった教室《きょうしつ》でとつぜん笑《わら》いだした鈴木《すずき》くんは学校一《がっこういち》こわい鬼頭先生《きとうせんせい》におこられておったわ(鈴木《すずき》くん、モウシワケナイ!)」

★教科書《きょうかしょ》落書《らくが》き武将《ぶしょう》ランキング★

1位《い》 **フランシスコ・ザビエル**

2位《い》 **織《お》田《だ》信《のぶ》長《なが》**

3位《い》 **豊《とよ》臣《とみ》秀《ひで》吉《よし》**

4位《い》 **徳《とく》川《がわ》家《いえ》康《やす》**

5位《い》 **武《たけ》田《だ》信《しん》玄《げん》**

※空想《くうそう》武将《ぶしょう》研究所《けんきゅうじょ》調《しら》べ

「めちゃくちゃ楽《たの》しんでるし！」

そこで今回《こんかい》、そんな鈴木《すずき》くんへの謝罪《しゃざい》の思《おも》いもこめて、「歴史《れきし》の教科書《きょうかしょ》でいちばん落書《らくが》きされた人《じん》物《ぶつ》はだれか？」を調査《ちょうさ》してみました。その結果《けっか》が上《うえ》の表《ひょう》です。

1位《い》は日本《にほん》にキリスト教《きょう》を布教《ふきょう》したことで知《し》られる宣教師《せんきょうし》のフランシスコ・ザビエルでした。やはり、ザビエルは額《ひたい》がひろく、頭頂《とうちょう》部《ぶ》をそっていたため（つまり、ハゲとったわけじゃ！）、落書《らくが》きがしやすかったのかもしれません。

そして2位《い》は、みんなの好《す》きな

織田信長《おだのぶなが》です。信長《のぶなが》の額《ひたい》に矢《や》を突《つ》きさすのはもちろん、やはり、あのとくちょう的《てき》なヒゲをのばしたり、変《へん》なかたちにしたり、いろんな落書《らくが》きをできることが2位《い》になった理由《りゆう》でしょう（さすが、信長様《のぶながさま》じゃ！）。

また、3位《い》の豊臣秀吉《とよとみひでよし》や4位《い》の徳川家康《とくがわいえやす》といった戦国武将《せんごくぶしょう》も、信長《のぶなが》と同《おな》じく、矢《や》や刀《かたな》をさしたり、ヒゲをかき加《くわ》えたり、いかにも戦国時代《せんごくじだい》らしい落書《らくが》きが多《おお》かったです。

5位《い》の武田信玄《たけだしんげん》は頭頂部《とうちょうぶ》に髪《かみ》の毛《け》が1本《ぽん》もなく（つまり、ツルッパゲじゃ！）、落書《らくが》きしやすかったことがランクインの理由《りゆう》です。

ちなみに、おしくもランクインはなりませんでしたが、南蛮人《なんばんじん》が来航《らいこう》したときの様子《ようす》がえがかれた「南蛮屏風《なんばんびょうぶ》」もたいへん人気《にんき》がありました。南蛮屏風《なんばんびょうぶ》は図《ず》のなかに空白《くうはく》が多《おお》かったため、動物《どうぶつ》やサッカーボールをかいてみたり、屋敷《やしき》を燃《も》やしてみたりする落書《らくが》きがたくさんありました。

また、今回《こんかい》は、どんな落書《らくが》きをしたかという調査《ちょうさ》もおこないました。すると、人物《じんぶつ》の落《らく》書《が》きは大《おお》きくわけてつぎの6パターンにわかれていることがわかりました。つぎの落書《らくが》きを見《み》てください。

教科書落書《きょうかしょらくが》き主《おも》な6パターン

メガネ系《けい》

フランシスコ・ザビエル
(1506〜1552)

カトリック教会の司祭・宣教師。
イエズス会の創設メンバーの一人

髪型系《かみがたけい》

フランシスコ・ザビエル
(1506〜1552)

カトリック教会の司祭・宣教師。
イエズス会の創設メンバーの一人

キャラ系《けい》

フランシスコ・ザビエル
(1506〜1552)

カトリック教会の司祭・宣教師。
イエズス会の創設メンバーの一人

ふきだし系《けい》

フランシスコ・ザビエル
(1506〜1552)

カトリック教会の司祭・宣教師。
イエズス会の創設メンバーの一人

流血系《りゅうけつけい》

フランシスコ・ザビエル
(1506〜1552)

カトリック教会の司祭・宣教師。
イエズス会の創設メンバーの一人

顔面系《がんめんけい》

フランシスコ・ザビエル
(1506〜1552)

カトリック教会の司祭・宣教師。
イエズス会の創設メンバーの一人

まずは、マンガのキャラクターににせるキャラ系《けい》。まゆげやヒゲなど顔《かお》のパーツを強調《きょうちょう》する顔面系《がんめんけい》。個性的《こせいてき》なヘアスタイルに変《か》える髪形系《かみがたけい》。刀《かたな》や矢《や》などをさして負傷《ふしょう》させたり、鼻血《はなぢ》をださせたりする流血系《りゅうけつけい》。サングラスなどとくちょう的《てき》なメガネをかけさせるメガネ系《けい》。そして、マンガのセリフのように人物《じんぶつ》に話《はなし》をさせるふきだし系《けい》。この6パターンでした。

「所長《しょちょう》はどんな落書《らくが》きをしていたのですか？」

「わしは口《くち》や目《め》から光線《こうせん》をだすビーム系《けい》じゃ！」

「まさかの7パターン目《め》！（鈴木《すずき》くん、ゴメン！）」

今回調査《こんかいちょうさ》した以外《いがい》にも、もっとおもしろい落書《らくが》きが世《よ》のなかにはあるかもしれません。ですから、もしも、そうした落書《らくが》きを知《し》っている読者《どくしゃ》がいたら、ぜひ研究所《けんきゅうじょ》まで教《おし》えてください。

いちばん
バレンタインチョコを
もらえる武将《ぶしょう》はだれだ？

ズバリ！

イケメン武将《ぶしょう》たちをおさえて、
1位《い》はなんとあの武将《ぶしょう》が…!?

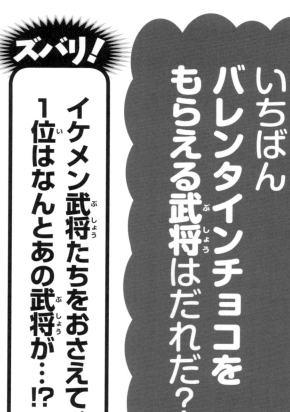

■いちばんバレンタインチョコをもらえる武将《ぶしょう》はだれだ？

2月《がつ》14日《か》はバレンタインデーです。日本《にほん》では女性《じょせい》から男性《だんせい》にチョコレートをわたすことが恒例《こうれい》になっていますが、もしも、現代《げんだい》に戦国武将《せんごくぶしょう》がいたら、だれがいちばんチョコレートをもらえたでしょうか。

今回《こんかい》、その調査結果《ちょうさけっか》をランキングにしてみましたので発表《はっぴょう》します。

まず、第《だい》5位《い》は豊臣秀吉《とよとみひでよし》です。秀吉《ひでよし》といえば、織田信長《おだのぶなが》から「サル」と呼《よ》ばれていたことで有名《ゆうめい》です。彼《かれ》はイケメンというわけではありませんでしたが、「人《ひと》たらし」と呼《よ》ばれたように、人《ひと》の心《こころ》をつかむことがとても上手《じょうず》な人《ひと》でした。

また、第《だい》5位《い》にランクインできたポイントは積極性《せっきょくせい》です。最近《さいきん》は草食系《そうしょくけい》といって女性《じょせい》に対《たい》して消極的《しょうきょくてき》な男性《だんせい》も多《おお》いようですが、秀吉《ひでよし》はかなりの肉食系《にくしょくけい》で、大《だい》の女性好《じょせいず》きでした。

そのため、女性《じょせい》を見《み》つけては、

『チョコレートちょーだい！』

と、自分《じぶん》から積極的《せっきょくてき》に声《こえ》をかけにいきます。秀吉《ひでよし》はこうしてバレンタインチョコ（ほとんど義理《ぎり》チョコ）をゲットしてまわるでしょう。

「そんな秀吉《ひでよし》の総獲得《そうかくとく》チョコ数《すう》は30個《こ》じゃ！」

「やはり、自分《じぶん》からグイグイいくことも大切《たいせつ》なのですね」

「待《ま》っているだけではなにもはじまらんからな。さてと、わしも自分《じぶん》からチョコをもらいにいくとするか。タローくんもついてこい！」

「しょ、所長《しょちょう》もなかなかの肉食系《にくしょくけい》！」

つづいて第《だい》4位《い》は今川氏真《いまがわうじざね》です。あまり知《し》られていませんが、彼《かれ》は「桶狭間《おけはざま》の戦《たたか》い」で織田信長《おだのぶなが》に敗《やぶ》れた今川義元《いまがわよしもと》の息子《むすこ》です。しかし、これといった武勇伝《ぶゆうでん》は持《も》っておらず、そのうえ、父《ちち》のあとをついだ氏真《うじざね》は趣味《しゅみ》に没頭《ぼっとう》したすえ、わずか7年《ねん》ほどで持《も》っていた領地《りょうち》を人《ひと》にうばわれてしまいます。そのため、彼《かれ》は立派《りっぱ》だった父《ちち》とはちがって「戦国三大愚人《せんごくさんだいぐじん》(おろか者《もの》)」と呼《よ》ばれることとなりました。

「なぜ、そのような武将《ぶしょう》が第《だい》4位《い》なのですか？」

「氏真《うじざね》はとても蹴鞠《けまり》の上手《じょうず》な武将《ぶしょう》でした。蹴鞠《けまり》とはいまでいうサッカーのようなものですので、ズバリ、サッカーの上手《じょうず》な人《ひと》は女性《じょせい》にモテるにちがいありません！」

「ほ、ほかに理由《りゆう》は？」

「ない！　サッカーがうまい。理由《りゆう》はそれだけじゃ！」

「えええ！　たしかに中学校《ちゅうがっこう》ではサッカー部《ぶ》がモテるけど……」

氏真《うじざね》は信長《のぶなが》に蹴鞠《けまり》を披露《ひろう》したともいわれるほどの腕前《うでまえ》でした。そんなサッカー上手《じょうず》な氏《うじ》真《ざね》の総獲得《そうかくとく》チョコ数《すう》は58個《こ》です。

「秀吉様《ひでよしさま》の2倍近《ばいちか》く！（ボクもサッカーをはじめようかな……）」

つづいて第《だい》3位《い》は宇喜多秀家《うきたひでいえ》です。彼《かれ》は秀吉《ひでよし》に気《き》にいられ、若《わか》くして五大老《ごたいろう》（豊臣政権《とよとみせいけん》下《か》における有力大名《ゆうりょくだいみょう》5人《にん》のこと）に命《めい》じられた人物《じんぶつ》です。ちなみに名前《なまえ》の「秀《ひで》」の字《じ》は秀《ひで》吉《よし》からもらったものでもあります。また、関《せき》ヶ原《がはら》の戦《たたか》いでは西軍《せいぐん》として最大《さいだい》の兵力《へいりょく》をひきいて合戦《かっせん》にのぞんでいます。

そんな秀家《ひでいえ》は身長《しんちょう》が高《たか》く、容姿《ようし》も端麗《たんれい》だったため、「戦国《せんごく》の貴公子《きこうし》」とも呼《よ》ばれるイケメン大名《だいみょう》でした。

「やっぱり、イケメンはモテるのですね」

「あたりまえじゃ。秀家《ひでいえ》の総獲得《そうかくとく》チョコ数《すう》は110個《こ》じゃ！」

「3ケタ！（イケメン強《つよ》し……）」

つづいて第《だい》2位《い》は前田利家《まえだとしいえ》です。さきに理由《りゆう》をいっておくと、彼《かれ》もまた戦国《せんごく》きってのイケメンだったからです。

「またイケメン！」

秀吉《ひでよし》の盟友《めいゆう》として知《し》られる利家《としいえ》は整《ととの》った顔立《かおだ》ちに加《くわ》え、182センチという高身長《こうしんちょう》でした。さらに加賀百万石《かがひゃくまんごく》の経済力《けいざいりょく》もあれば、「槍《やり》の又左《またざ》」という異名《いみょう》を持《も》ったやりの名手《めいしゅ》でもありました。

そんな利家《としいえ》は人柄《ひとがら》もよく、秀吉《ひでよし》にも信頼《しんらい》されていましたし、妻《つま》である「まつ」とはおしどり夫婦《ふうふ》で知《し》られていました。ですから、顔《かお》よし、お金《かね》よし、性格《せいかく》よしの利家《としいえ》が女性《じょせい》にモテないわけがありません。

「ズバリ、利家《としいえ》の総獲得《そうかくとく》チョコ数《すう》は133個《こ》じゃ」

「そんなにもらっても食《た》べられないですよ！（1個《こ》くれ〜）」

そして、第《だい》1位《い》の発表《はっぴょう》ですが、その前《まえ》におしくもランクインをのがした第《だい》6位《い》を発表《はっぴょう》します。第《だい》6位《い》は「愛《あい》の武将《ぶしょう》」こと直江兼続《なおえかねつぐ》です。

「所長《しょちょう》、6位《い》になったポイントは？」

「ズバリ、イケメンだったからじゃ！」

「もうええわ！（怒《いかり》）」

あらためまして、第1位《だい》は伊達政宗《いだてまさむね》です。

「独眼竜《どくがんりゅう》」というカッコいいフレーズ自体《じたい》が人気《にんき》の理由《りゆう》でもありますが、彼《かれ》はとても手紙《てがみ》を書《か》くのが好《す》きな武将《ぶしょう》でした。そんな政宗《まさむね》は女性《じょせい》がよろこぶ手紙《てがみ》やメールの書《か》きかたを心《こころ》得《え》ていますので、もしも、彼《かれ》からラブレターをもらうことがあれば、その女性《じょせい》はイチコロまちがいなしでしょう。

また、政宗《まさむね》にはロマンチストな一面《いちめん》もありましたので、デートをした場合《ばあい》はきっと心《こころ》がときめくようなプランで楽《たの》しませてくれるでしょう。まさにアイドルのような人気《にんき》ぶりの政宗《まさむね》は、女性《じょせい》のハートをがっちりキャッチしてはなしません。

「ズバリ、政宗《まさむね》の総獲得《そうかくとく》チョコ数《すう》は2400個《こ》じゃ！」

「2400個《こ》！　所長《しょちょう》、計算《けいさん》はあってますか？」

「あっておる。政宗《まさむね》はまさにケタちがいのモテ男《おとこ》なのじゃ！」

「政宗様《まさむねさま》、スゲー！」

バレンタインチョコの数《かず》を調査《ちょうさ》していたら、チョコが食《た》べたくなってきたので、読者《どくしゃ》のみなさん、もしよければ研究所《けんきゅうじょ》にチョコを送《おく》ってください。（ボクにも送《おく》って！【タローくんの声《こえ》】）

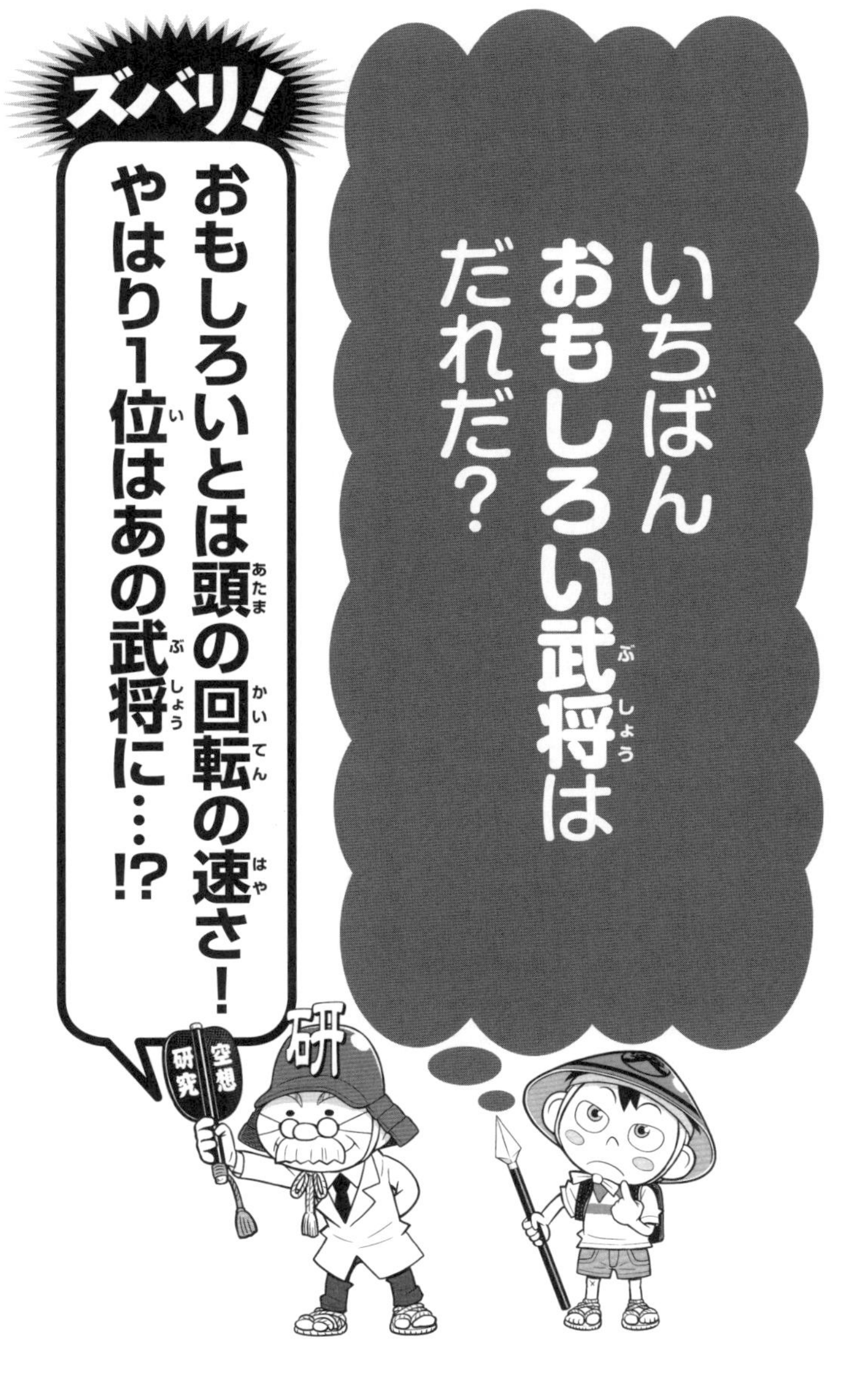
いちばん
おもしろい武将《ぶしょう》は
だれだ？
ズバリ！
おもしろいとは頭《あたま》の回転《かいてん》の速《はや》さ！
やはり1位《い》はあの武将《ぶしょう》に…!?
研
空想
研究

■いちばんおもしろい武将《ぶしょう》はだれだ？

まず、第《だい》5位《い》は伊達政宗《だてまさむね》。政宗《まさむね》のユーモアをつたえるエピソードがあります。それは大《おお》坂冬《さかふゆ》の陣《じん》で、豊臣軍《とよとみぐん》と徳川軍《とくがわぐん》の和睦《わぼく》が成立《せいりつ》したときの話《はなし》です。

和睦《わぼく》は成立《せいりつ》したものの、解散命令《かいさんめいれい》がでないため、兵士《へいし》たちは「香合《こうあ》わせ」（香《こう》のにおいをかいでその種類《しゅるい》をあてる遊《あそ》び）でヒマをつぶしていました。すると、そこに政宗《まさむね》があらわれ、

『勝《か》った者《もの》に景品《けいひん》をだしてやろう』

といって「ひょうたん」をだしました。ところが、それは大大名《だいだいみょう》がだす景品《けいひん》にしてはよい品物《しなもの》でもなく（正直《しょうじき》にいうとショボイ景品《けいひん》じゃった！）、よいものをもらえると期待《きたい》した兵士《へいし》たちはガッカリしました。

そのあと、遊《あそ》びに勝《か》った者《もの》が政宗《まさむね》の景品《けいひん》（ひょうたん）を獲得《かくとく》しますが、苦笑《にがわら》いをうかべるだけで、あまりうれしそうではありませんでした。すると、とつぜん政宗《まさむね》が、

『ちょっと待《ま》て。ひょうたんをもらったおぬしにはあそこにいる馬《うま》も1頭《とう》やろう！』

といい、すぐ近《ちか》くの木《き》にくくりつけていた上等《じょうとう》な馬《うま》を追加《ついか》の景品《けいひん》としてさしだしたので

す。政宗《まさむね》は、

『これぞ「ひょうたんから駒《こま》がでた」（思《おも》いがけないことがおこること）というわけじゃ』

という思《おも》わぬサプライズ演出《えんしゅつ》で兵士《へいし》たちを感激《かんげき》させたそうです。こんなユーモアたっぷりの政宗《まさむね》がランキングの第《だい》5位《い》です。

「これで第《だい》5位《い》だなんて信《しん》じられません！　きっと第《だい》4位《い》はもっとすごいんだろうな！」

「こらこらタローくん。あまりハードルをあげるんじゃない！」

つづいて第《だい》4位《い》は織田信長《おだのぶなが》です。信長《のぶなが》もまた人《ひと》を楽《たの》しませることが得意《とくい》なエンターテイナーでした。彼《かれ》は年《ねん》に何回《なんかい》も相撲大会《すもうたいかい》をひらくほどの相撲《すもう》好《ず》きで、優勝《ゆうしょう》した者《もの》やがんばった者《もの》にはプレゼントも用意《ようい》していました。

さらに身分《みぶん》に関係《かんけい》なく、庶民《しょみん》たちと交流《こうりゅう》をはかった信長《のぶなが》は、城下町《じょうかまち》の人《ひと》たちのために安《あ》土城《づちじょう》をライトアップさせたり、盆《ぼん》おどりでは天女《てんにょ》の格好《かっこう》をしておどったりと、人《ひと》をよろこばせることが好《す》きな人《ひと》でした。そんな信長《のぶなが》が第《だい》4位《い》となります。

「信長様《のぶながさま》にもそんな一面《いちめん》があったのですね！」

つづいて第《だい》3位《い》は上杉景勝《うえすぎかげかつ》です。直江兼続《なおえかねつぐ》の主君《しゅくん》である景勝《かげかつ》は、家臣《かしん》の前《まえ》ではぜったいに笑《わら》わなかったといわれる武将《ぶしょう》です。ふだんから無口《むくち》で、ほとんど感情《かんじょう》をださない人《ひと》でしたが、そんな彼《かれ》も1回《かい》だけ笑《わら》ったことがありました。

ある日《ひ》、自身《じしん》のかっていたサルが家臣《かしん》たちに指示《しじ》をだすかのような仕草《しぐさ》をしました。すると、それが自分《じぶん》のモノマネをしているように見《み》えたため、景勝《かげかつ》はおもわず笑《わら》ってしまったそうです。

「家臣《かしん》たちが景勝《かげかつ》の笑顔《えがお》を見《み》たのはあとにもさきにもこの1回《かい》きりだそうじゃ」

「よっぽど笑《わら》いにキビシイ人《ひと》だったのですね！」

つづいて第《だい》2位《い》は前田慶次《まえだけいじ》です。目立《めだ》ちたがり屋《や》の彼《かれ》は人前《ひとまえ》でフザケたりするのが大好《だいす》きな人《ひと》です。しかし、ときには人《ひと》をおどろかせたり、こまらせたりすることもありました。

ある日《ひ》、秀吉主催《ひでよししゅさい》のパーティーに呼《よ》ばれたときも、慶次《けいじ》は諸大名《しょだいみょう》のヒザの上《うえ》に座《すわ》ってまわるといったフザケっぷりをみせます。さらに「サル」と呼《よ》ばれた秀吉《ひでよし》の前《まえ》でサルのマネをしてみんなをおどろかせました。このとき、秀吉《ひでよし》が笑《わら》ったため、その場《ば》は楽《たの》しげなふんいきになりましたが、ひとつまちがえば大事件《だいじけん》になっていたかもしれません。

しかし、そんな慶次《けいじ》にもおそれた人物《じんぶつ》がいました。それがさっきしょうかいしたランキング第《だい》3位《い》の笑《わら》わない景勝《かげかつ》です。パーティーで大名《だいみょう》のヒザの上《うえ》に座《すわ》ってまわった際《さい》、慶次《けいじ》はその場《ば》にいた景勝《かげかつ》だけには近寄《ちかよ》りませんでした。その理由《りゆう》は圧倒的《あっとうてき》なオーラを感《かん》じて近《ちか》づけなかったからだそうです。その後《ご》、慶次《けいじ》はそんな景勝《かげかつ》につかえることをきめました。

「所長《しょちょう》、もしも、このふたりが漫才《まんざい》をしたら、慶次様《けいじさま》がボケ、景勝様《かげかつさま》がツッコミになるのでしょうか？」

「そのとおりじゃ。試《ため》しにいちどやってみよう」

（慶次《けいじ》・景勝《かげかつ》のコンビです。どうぞ！）

『ところで慶次《けいじ》、おぬしはなぜわしのヒザの上《うえ》に乗《の》らなかったのじゃ？』

『それは景勝《かげかつ》さんがぜんぜん笑《わら》っていなかったから、おこっているのかなと思《おも》って……』

『イヤ、おこってへんがな。気《き》にせんとドーンッと乗《の》ってこんかい、わしだけ仲間《なかま》はずれにされたみたいやん！』

と、このように笑《わら》いにキビシイ景勝《かげかつ》が慶次《けいじ》に対《たい》してバシバシとツッコミをいれる漫才《まんざい》がくりひろげられることでしょう。

そして、待望《たいぼう》の第《だい》1位《い》は豊臣秀吉《とよとみひでよし》です。ひょうきん者《もの》で、どこか憎《にく》めない性格《せいかく》だったといわれる秀吉《ひでよし》こそ、ユーモアランキング第《だい》1位《い》にふさわしいでしょう。

秀吉《ひでよし》にはつぎのような話《はなし》があります。ある日《ひ》、信長《のぶなが》のもとにはこばれてきた食事《しょくじ》にお箸《はし》が1本《ぽん》しかついていませんでした。これに対《たい》し、おこりそうになる信長《のぶなが》を見《み》た秀吉《ひでよし》は、とっさにつぎのようにいいました。

『お箸《はし》が1本《ぽん》しかないのは実《じつ》によいことです。1本《ぽん》の箸《はし》、つまりは片箸《かたはし》ということですから、これから殿《との》が片端《かたっぱし》から天下《てんか》をとりにいくことを意味《いみ》しています！』

この秀吉《ひでよし》の言葉《ことば》を聞《き》いて信長《のぶなが》はおちつきをとりもどしたといいます。

「こんなことをいう秀吉様《ひでよしさま》と信長様《のぶながさま》が漫才《まんざい》をしたらどうなりますか？」

「秀吉《ひでよし》は信長《のぶなが》のどんなムチャぶりにもこたえます。そして、信長《のぶなが》はそれを見《み》てするどいツッコミをいれるので、つぎのようになります。こちらも試《ため》しにやってみましょう」

（つづきまして信長《のぶなが》・秀吉《ひでよし》コンビの登場《とうじょう》です。どうぞ！）

『おいサルよ、おぬしはなぜ1本《ぽん》の箸《はし》がよいことだと思《おも》ったのじゃ？』

『キーキー、ウキー、ウッキキー！』

『に、日本語《にほんご》でしゃべらんかい！　なんでサル語《ご》でしゃべっとんねん！』

★ユーモア武将《ぶしょう》ランキング★

1位《い》 豊臣秀吉《とよとみひでよし》

2位《い》 前田慶次《まえだけいじ》

3位《い》 上杉景勝《うえすぎかげかつ》

4位《い》 織田信長《おだのぶなが》

5位《い》 伊達政宗《だてまさむね》

※空想武将研究所調《くうそうぶしょうけんきゅうじょしら》べ

（さっきからツッコミが、全部《ぜんぶ》大《おお》阪弁《さかべん》！）

　このように戦《いくさ》ばかりの戦国時代《せんごくじだい》にもユーモアのある武将《ぶしょう》はたくさんいました。つまり、いつの時代《じだい》もユーモアが大切《たいせつ》ということですので、みんなも今日《きょう》からドンドンおもしろいことをいいましょう。

（所長《しょちょう》、さいごにどんなムチャぶりしているんですか！）

いちばん型《かた》やぶりな武将《ぶしょう》はだれだ？
ズバリ！
豪快《ごうかい》な武将《ぶしょう》たちばかりのなかで、決死《けっし》のパフォーマンスで1位《い》は…!?
研
空想研究

■いちばん型《かた》やぶりな武将《ぶしょう》はだれだ？

「型《かた》やぶり」とは「ふつうでは考《かんが》えつかないようなやりかた、考《かんが》えかた」という意味《いみ》です。

今回《こんかい》はそんなエピソードを持つ武将《ぶしょう》たちについて調《しら》べてみました。

第《だい》5位《い》は前田慶次《まえだけいじ》。ある日《ひ》、慶次《けいじ》が町《まち》を歩《ある》いていたとき、呉服屋《ごふくや》の店主《てんしゅ》が脚《あし》を店先《みせさき》に投《な》げだし、雑談《ざつだん》していました。態度《たいど》が大《おお》きいだけでなく、脚《あし》が通行《つうこう》のジャマにもなっていたため慶次《けいじ》は、

『この脚《あし》も売《う》り物《もの》かい？　だったら買《か》わせてくれ』

といいました。すると店主《てんしゅ》は、

『いいぜ、１００貫文《かんもん》で売《う》ってやる』

とじょうだんまじりに返答《へんとう》しました。それを聞《き》いた慶次《けいじ》は、

『よし、買《か》った。これでおぬしの脚《あし》はわしのものになったのだから、いまここで斬《き》り落《お》としても文句《もんく》はないな？』

そういって刀《かたな》を抜《ぬ》きました。これには店主《てんしゅ》もビックリ。町奉行《まちぶぎょう》がかけつけるさわぎとなりました。けっきょく、脚《あし》は斬《き》られずにすみ、以降《いこう》、京都《きょうと》で脚《あし》を投《な》げだす人《ひと》も減《へ》ったそう

です。

「読者《どくしゃ》のみんなも授業中《じゅぎょうちゅう》に脚《あし》を投《な》げだしたりしないよう気《き》をつけるのじゃ」

「慶次様《けいじさま》がいたら、斬《き》り落《お》とされちゃうよ！」

つづいて第《だい》４位《い》は織田信長《おだのぶなが》です。やはり、この男《おとこ》をはずすわけにはいきません。戦《いくさ》や政策《せいさく》もそうですが、信長《のぶなが》はふだんのおこないから型《かた》やぶりでした。若《わか》いころ、腰《こし》に巾着袋《きんちゃくぶくろ》をつけ、そこに石《いし》や豆《まめ》をいれて持《も》ち歩《ある》いていたそうですが、その理由《りゆう》は、石《いし》は人《ひと》にぶつけるため、豆《まめ》はお腹《なか》がすいたら食《た》べるためだったそうです。

そんな信長《のぶなが》は父親《ちちおや》がなくなったときもそのような格好《かっこう》でお葬式《そうしき》に列席《れっせき》しました。そのまま大人《おとな》しくしていればよかったのですが、さすがは信長《のぶなが》、スタスタと祭壇《さいだん》に歩《あゆ》みよると、なにを思《おも》ったか抹香《まっこう》をひつぎにむかって投《な》げつけたそうです。

「な、なぜそんなことを！（やはり、信長様《のぶながさま》はオソロシヤ……）」

つづいて第《だい》３位《い》は森長可《もりながよし》です。彼《かれ》を知《し》らなくても、彼《かれ》の父《ちち》や弟《おとうと》なら知《し》っている人《ひと》もいるかもしれません。彼《かれ》の父《ちち》は織田家《おだけ》につかえ、長《なが》きにわたって信長《のぶなが》をささえた森可成《もりよしなり》、弟《おとうと》は信長《のぶなが》の雑用係《ざつようがかり》だった森蘭丸《もりらんまる》です。そんな父《ちち》と弟《おとうと》を持《も》つ長可《ながよし》はとても血気盛《けっきさか》んな武将《ぶしょう》として知《し》られ、力強《ちからづよ》いうえにおこりっぽい性格《せいかく》だったため、周囲《しゅうい》からおそれられていました。

そんな長可《ながよし》はある日《ひ》、関所《せきしょ》をとおる際《さい》に馬《うま》からおりるよう指示《しじ》されます。しかし、長可《ながよし》はそれを無視《むし》したあげく、止《と》めにはいった門番《もんばん》を斬《き》り捨《す》ててしまいました。さらにほかの門番《もんばん》に対《たい》しても、

『おぬしらも止《と》めるというなら、全員焼《ぜんいんや》き討《う》ちしてやる！』

そのように言《い》い捨《す》て、そのまま馬《うま》をおりることなく関所《せきしょ》を通過《つうか》したといいます。

「なんてオソロシイ人《ひと》なのですか……」

彼《かれ》は信長《のぶなが》の家臣《かしん》でしたが、このあまりに型《かた》やぶりな行動《こうどう》を聞《き》いた信長《のぶなが》は長可《ながよし》を呼《よ》びだし、つぎのようにいいました。

『かつては武蔵坊弁慶《むさしぼうべんけい》も五条大橋《ごじょうおおはし》で人《ひと》を斬《き》ったもんじゃ。そうじゃ、今日《きょう》からおぬしも武蔵《むさし》と名乗《なの》ったらどうじゃ？　ガハハ！　(笑《わらい》)』

(ガハハじゃないですよ、ガハハじゃ！)

以降《いこう》、長可《ながよし》は「武蔵《むさし》」と名乗《なの》るようになり、周囲《しゅうい》も彼《かれ》を「鬼武蔵《おにむさし》」と呼《よ》ぶようになりました。

「長可様《ながよしさま》も信長様《のぶながさま》も、どっちも型《かた》やぶりすぎてついていけない……」

つづいて第《だい》2位《い》は松永久秀《まつながひさひで》です。彼《かれ》は信長《のぶなが》に、

『ふつうの人間《にんげん》ではなにひとつできないことを3つも成《な》しとげた男《おとこ》』

と評《ひょう》された人物《じんぶつ》です。その3つとはひとつ目《め》が旧家《きゅうか》（三好家《みよしけ》）の乗《の》っとり、2つ目《め》が将軍《しょうぐん》（足利義輝《あしかがよしてる》）の暗殺《あんさつ》、3つ目《め》が奈良《なら》（東大寺《とうだいじ》）の大仏《だいぶつ》の焼《や》き討《う》ちです。いずれも悪事《あくじ》であるため、彼《かれ》は「戦国《せんごく》の三梟雄《さんきょうゆう》（残忍《ざんにん》で強《つよ》いこと）」のひとりとして知《し》られています。

そんな彼《かれ》の型《かた》やぶりエピソードとして有名《ゆうめい》なのが、日本《にほん》で初《はじ》めて爆死《ばくし》した人物《じんぶつ》であるということです。

「ば、ば、爆死《ばくし》！」

茶器《ちゃき》のコレクターとしても有名《ゆうめい》な久秀《ひさひで》は、あるとき信長《のぶなが》を裏切《うらぎ》ったため、命《いのち》を落《お》としそうになります。しかし、信長《のぶなが》は裏切《うらぎ》り者《もの》の彼《かれ》に対《たい》し、

『おぬしの持《も》つ名茶器《めいちゃき》をさしだせばゆるしてやるぞ』

と、いつになくやさしい態度《たいど》をとりました。ところが、久秀《ひさひで》はその要求《ようきゅう》を拒否《きょひ》。

【この平蜘蛛《ひらぐも》の釜《かま》（名茶器《めいちゃき》）と俺《おれ》のクビの2つは　やわか信長《のぶなが》に見《み》させるものかわ】

といって名茶器《めいちゃき》に火薬《かやく》をつめ、ともに爆死《ばくし》しました。

「ものすごい執念《しゅうねん》ですね……」

「それほど茶器《ちゃき》を手《て》ばなしたくなかったのでしょう」

「所長《しょちょう》は死《し》ぬほど手《て》ばなしたくないものってありますか？」

「そうじゃな、わしはやはり、愛《あい》かな……」

「うそつけ！」

気《き》をとりなおして、第《だい》1位《い》は伊達政宗《だてまさむね》です。政宗《まさむね》は天下《てんか》を目前《もくぜん》にした秀吉《ひでよし》が北条氏《ほうじょうし》の本拠地《ほんきょち》（小田原城《おだわらじょう》）を攻《せ》めた際《さい》、戦《いくさ》に参加《さんか》するよう呼《よ》びかけを受《う》けていました。ところが、政宗《まさむね》はそれを断《ことわ》りつづけ、約《やく》4ヶ月後《かげつご》になってようやく応《おう》じました。

『秀吉様《ひでよしさま》はさぞおいかりだろう。もしかすると、殺《ころ》されてしまうかもしれん……』

そう思《おも》った政宗《まさむね》は死装束《しにしょうぞく》（死《し》ぬときに着《き》る服《ふく》）を着《き》て秀吉《ひでよし》のもとへむかいました。つまり、死《し》を覚悟《かくご》して会《あ》いにいったわけです。すると、その型《かた》やぶりな姿《すがた》を見《み》た秀吉《ひでよし》は政宗《まさむね》に興味《きょうみ》を持《も》ち、過去《かこ》のおこないをゆるすことにしました。

「まさに決死《けっし》のパフォーマンスだったというわけじゃ」

★型《かた》やぶり武将《ぶしょう》ランキング★

1位《い》 **伊《だ》達《て》政《まさ》宗《むね》**

2位《い》 **松《まつ》永《なが》久《ひさ》秀《ひで》**

3位《い》 **森《もり》長《なが》可《よし》**

4位《い》 **織《お》田《だ》信《のぶ》長《なが》**

5位《い》 **前《まえ》田《だ》慶《けい》次《じ》**

※空想《くうそう》武将《ぶしょう》研究所《けんきゅうじょ》調《しら》べ

「さすが型《かた》やぶりランキング第《だい》1位《い》の政宗様《まさむねさま》！」

戦国武将《せんごくぶしょう》といえば、だれしもおどろきのエピソードを持《も》っています。そして、今回《こんかい》しょうかいした型《かた》やぶりランキングはそのなかでも危険度《きけんど》の高《たか》いものばかりですので、よい子《こ》のみんなはくれぐれもマネしないでください（とくに爆《ばく》死《し》はぜったいにしてはいかんぞ！）。

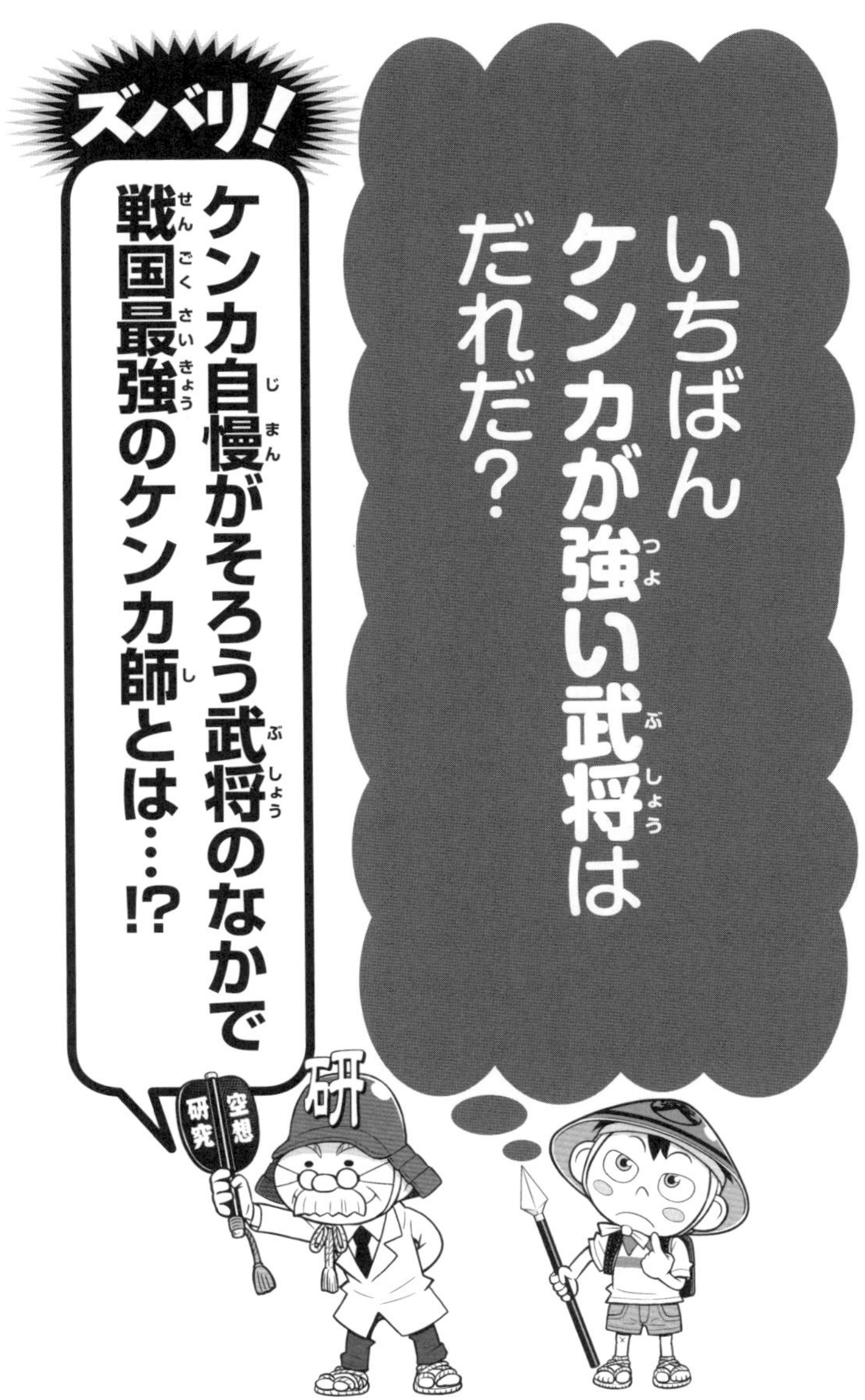
いちばん
ケンカが強《つよ》い武将《ぶしょう》は
だれだ？
ズバリ！
ケンカ自慢《じまん》がそろう武将《ぶしょう》のなかで
戦国最強《せんごくさいきょう》のケンカ師《し》とは…!?
空想研究
研

■いちばんケンカが強《つよ》い武将《ぶしょう》はだれだ？

ここでいうケンカは集団《しゅうだん》でおこなうものではなく、1対《たい》1のケンカとしましょう。まず、第《だい》5位《い》は可児才蔵《かにさいぞう》です。知《し》らない人《ひと》も多《おお》いでしょうが、彼《かれ》は別名《べつめい》「笹《ささ》の才蔵《さいぞう》」と呼《よ》ばれ、みんなにおそれられていた人物《じんぶつ》です。才蔵《さいぞう》は柴田勝家《しばたかついえ》や明智光秀《あけちみつひで》といった優秀《ゆうしゅう》な家臣《かしん》につかえたのち、豊臣家家臣《とよとみけかしん》の福島正則《ふくしままさのり》のもとで関ヶ原《せきがはら》の戦《たたか》いにも参加《さんか》しました。そんな彼《かれ》の強《つよ》さをしめすつぎのような話《はなし》があります。

なんと才蔵《さいぞう》は「関ヶ原《せきがはら》の戦《たたか》い」でもっともクビをとった男《おとこ》ともいわれています。本来《ほんらい》、敵《てき》のクビをとると、腰《こし》にぶらさげるか、自陣《じじん》に持《も》ちかえります。しかし、強《つよ》すぎる才蔵《さいぞう》は何人《なんにん》ものクビをとるため、腰《こし》にはぶらさげられず、かといってクビをとるたび自陣《じじん》にもどっていては時間《じかん》のムダです。

そこで才蔵《さいぞう》は笹《ささ》の葉《は》をつかいました。自分《じぶん》の討《う》ちとったクビの切《き》り口《くち》や、耳《みみ》や鼻《はな》の穴《あな》に笹《ささ》の葉《は》をつめて、その場《ば》においておくことにしました。そうすることで、自分《じぶん》の手柄《てがら》がわかるようになり、かつ時間《じかん》も短縮《たんしゅく》できたので、才蔵《さいぞう》はつぎつぎと敵《てき》のクビをとってまわることができました。それゆえ、才蔵《さいぞう》は笹《ささ》の才蔵《さいぞう》と呼《よ》ばれることになったのです。

「それに、とったクビはどれも位《くらい》の高《たか》い武将《ぶしょう》のものばかりだったそうじゃ」

「さすがはランキング第《だい》5位《い》の実力者《じつりょくしゃ》ですね」

つづいて第《だい》4位《い》は上杉謙信《うえすぎけんしん》です。「軍神《ぐんしん》」と呼《よ》ばれているとおり、戦国屈指《せんごくくっし》の戦上手《いくさじょうず》で知《し》られている謙信《けんしん》ですが、その強《つよ》さは1対《たい》1のケンカにおいても発揮《はっき》されるでしょう。

というのも、かつて武田信玄《たけだしんげん》と戦《たたか》った「川中島《かわなかじま》の戦《たたか》い」において、謙信《けんしん》が武田軍《たけだぐん》の本陣《ほんじん》に単騎《たんき》で乗《の》りこんだという話《はなし》があります。敵陣《てきじん》に攻《せ》めいった謙信《けんしん》は信玄《しんげん》の目《め》の前《まえ》までせまると、馬上《ばじょう》から太刀《たち》をふりおろしたといいます。このとき、信玄《しんげん》はとっさの判断《はんだん》で手《て》に持《も》っていた軍配《ぐんばい》をかざし、その太刀《たち》を受《う》け止《と》めたそうです。

戦国最強《せんごくさいきょう》ともいわれた武田軍《たけだぐん》の本陣《ほんじん》に、単騎《たんき》で突入《とつにゅう》するその度胸《どきょう》が第《だい》4位《い》に選《えら》ばれたポイントです。そんな謙信《けんしん》のことですから、ケンカになっても弱気《よわき》になることはなく、つねに堂々《どうどう》としています。立《た》ち居《い》ふるまいだけでもケンカ強《づよ》いオーラがでていますし、たとえ、1対《たい》5であっても謙信《けんしん》はおそれることなく立《た》ちむかうでしょう。

「もし、道《みち》でコワイ人《ひと》たちにからまれたら、謙信《けんしん》を呼《よ》ぶのじゃ。義《ぎ》の武将《ぶしょう》と呼《よ》ばれた謙信《けんしん》のことですから、かならず助《たす》けてくれるにちがいありません！」

「友達《ともだち》に謙信様《けんしんさま》がいれば安心《あんしん》ですね！」

つづいて第《だい》3位《い》は真田幸村《さなだゆきむら》です。幸村《ゆきむら》は大坂《おおさか》の陣《じん》で徳川家康《とくがわいえやす》のクビをねらった勇将《ゆうしょう》として知《し》られています。

大坂《おおさか》の陣《じん》で劣勢《れっせい》にたっていた豊臣軍《とよとみぐん》でしたが、幸村《ゆきむら》は一矢報《いっしむく》いるため、家康《いえやす》のクビだけをめざして馬《うま》を走《はし》らせました。彼《かれ》は少数《しょうすう》の軍勢《ぐんぜい》でありながらも、徳川軍《とくがわぐん》の本陣《ほんじん》に何度《なんど》も突撃《とつげき》し、家康《いえやす》の馬印《うまじるし》（大将《たいしょう》のそばに立《た》ててある旗《はた》）をたおすほど攻《せ》め立《た》てたといいます。

しかし、時間《じかん》がたつにつれ、幸村《ゆきむら》にもつかれがではじめ、しだいに数《かず》で勝《まさ》る徳川軍《とくがわぐん》におしかえされてしまい、退却《たいきゃく》しなければならなくなりました。

このとき、幸村《ゆきむら》は家康《いえやす》をあと一歩《いっぽ》のところまで追《お》いつめたため、家康《いえやす》は切腹《せっぷく》を覚悟《かくご》したともいわれています。そんなあまりの強《つよ》さをほこった幸村《ゆきむら》はのちに『日本一《ひのもといち》の兵《つわもの》』と呼《よ》ばれ、語《かた》りつがれるようになりました。

「『日本一《ひのもといち》の兵《つわもの》』という異名《いみょう》がすでに強《つよ》そうじゃ」

「所長《しょちょう》がもしも、自分《じぶん》に『日本一《ひのもといち》の〇〇〇』と名《な》づけるなら、なににしますか？」

「そうじゃな、わしは『日本一《ひのもといち》の武将《ぶしょう》オタク』じゃ！」

「す、すごい自信《じしん》だ……！」

つづいて第《だい》2位《い》は本多忠勝《ほんだただかつ》です。忠勝《ただかつ》は家康《いえやす》の家臣《かしん》のひとりであり、徳川四天王《とくがわしてんのう》と呼《よ》ばれた優秀《ゆうしゅう》な武将《ぶしょう》でした。そんな忠勝《ただかつ》は生涯《しょうがい》かすり傷《きず》ひとつ負《お》うことのなかった無傷《むきず》の武将《ぶしょう》といわれていますす。

その強《つよ》さは有名《ゆうめい》で豊臣秀吉《とよとみひでよし》は「東国一《とうごくいち》の勇将《ゆうしょう》」として彼《かれ》の名前《なまえ》をあげていますし、織田《おだ》信長《のぶなが》も忠勝《ただかつ》について「花《はな》も実《み》も備《そな》えた剛《ごう》の者《もの》（義理《ぎり》も人情《にんじょう》も持《も》った強《つよ》い者《もの》）」と評価《ひょうか》しています。

そんな忠勝《ただかつ》は天下三名槍《てんかさんめいそう》のひとつに数《かぞ》えられる名槍《めいそう》「蜻蛉切《とんぼきり》」を持《も》っていました。これは飛《と》んできたトンボがやりの先端《せんたん》にあたっただけで真《ま》っ二《ぷた》つに切《き》れてしまうほど切《き》れ味《あじ》のするどい武器《ぶき》で、忠勝《ただかつ》と蜻蛉切《とんぼきり》がそろうとまさに鬼《おに》に金棒《かなぼう》でした。

ちなみに忠勝《ただかつ》の名前《なまえ》の由来《ゆらい》は『ただ勝《か》つのみ（忠勝《ただかつ》のみ）』からきており、名《な》づけたのは家康《いえやす》だといわれています。

「……ただのダジャレなんですか！」

「うむ。タローくんが試合《しあい》や試験《しけん》の前《まえ》に『トンカツ食《く》って勝《か》つ！』というのと同《おな》じじゃ」

「えええ！　たしかに、ゲンかつぎでカツを食《た》べるけど……」

つづいてケンカ最強《さいきょう》の第《だい》1位《い》は小島弥太郎《こじまやたろう》です（無名《むめい》のダークホースがまさかの第《だい》1位《い》じゃ！）。

「小島弥太郎《こじまやたろう》って何者《なにもの》なんですか！」

彼《かれ》は上杉家《うえすぎけ》につかえていたといわれる人物《じんぶつ》です。身長《しんちょう》は180センチと大柄《おおがら》で、その怪《かい》力《りき》は上杉家《うえすぎけ》のなかでも圧倒的《あっとうてき》だったそうで、怪力無双《かいりきむそう》の「鬼小島《おにこじま》」とおそれられました。

そんな彼《かれ》には数々《かずかず》の伝説《でんせつ》があります。ある日《ひ》、弥太郎《やたろう》は上杉謙信《うえすぎけんしん》の使者《ししゃ》とウソをついて武田信玄《たけだしんげん》の陣営《じんえい》に忍《しの》びこみました。すると、イタズラ心《ごころ》から弥太郎《やたろう》をおどろかせようと考《かんが》えた信玄《しんげん》は、「人喰獅子《ひとくいしし》」の異名《いみょう》を持《も》つ凶暴《きょうぼう》な猛犬《もうけん》をはなち、弥太郎《やたろう》をおそわせました。

犬《いぬ》は弥太郎《やたろう》のヒザに飛《と》びつき、ガブリとかみつきました。しかし、弥太郎《やたろう》は顔色《かおいろ》ひとつ変《か》えず、信玄《しんげん》にあいさつの言葉《ことば》をいいつづけます。そして、あいさつを終《お》えたところで、かみついた犬《いぬ》をつかみ、そのまま広場《ひろば》にたたきつけました。犬《いぬ》は死《し》んでしまいましたが、一方《いっぽう》の弥太郎《やたろう》はなに食《く》わぬ顔《かお》をして帰《かえ》っていったそうです。

「つまり、やってやろう（弥太郎《やたろう》）じゃねえか。そう思《おも》えばいつでもたおせる力《ちから》を持《も》って

★ケンカ最強武将《さいきょうぶしょう》ランキング★

1位《い》 小島弥太郎《こじまやたろう》

2位《い》 本多忠勝《ほんだただかつ》

3位《い》 真田幸村《さなだゆきむら》

4位《い》 上杉謙信《うえすぎけんしん》

5位《い》 可児才蔵《かにさいぞう》

※空想武将研究所調《くうそうぶしょうけんきゅうじょしら》べ

いたということじゃ」

「弥太郎様《やたろうさま》ツエー！」

そんな彼《かれ》は三十人力《さんじゅうにんりき》の力《ちから》を持《も》っていたといわれていますから、ランキング第《だい》1位《い》でだれも文句《もんく》はないでしょう（こわくて文句《もんく》なんていえませんよ！）。

今回《こんかい》はケンカについて調査《ちょうさ》しましたが、読者《どくしゃ》のみなさんはなるべくケンカはせず、みんな仲《なか》よくしましょう。

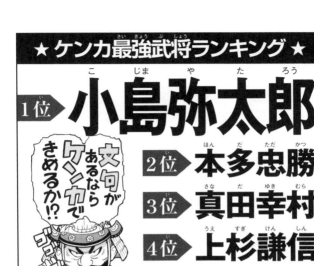

いちばん
ダサいあだ名《な》の武将《ぶしょう》は
だれだ？

ズバリ！

「うつけ者《もの》」「ハゲネズミ」もかなわない
戦国《せんごく》でいちばんダサいあだ名《な》とは…!?

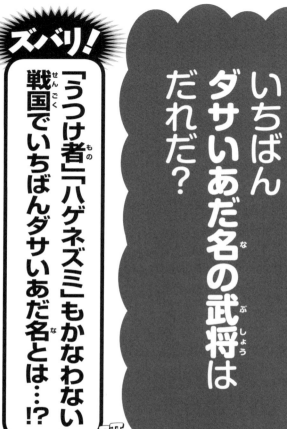

■いちばんダサいあだ名の武将《ぶしょう》はだれだ?

戦国武将《せんごくぶしょう》たちにはそれぞれカッコいいあだ名《な》があります。たとえば上杉謙信《うえすぎけんしん》の「越後《えちご》の龍《りゅう》」や伊達政宗《だてまさむね》の「独眼竜《どくがんりゅう》」などは、だれしもいちどは呼《よ》ばれてみたいあだ名《な》のひとつかもしれません。しかし、なかにはあまりカッコよくないあだ名《な》もありました。そこで今回《こんかい》はそんなダサいあだ名《な》について調査《ちょうさ》しました。

まず、第《だい》5位《い》はやはり、織田信長《おだのぶなが》のあだ名《な》「尾張《おわり》の大《おお》うつけ者《もの》（大《おお》バカ者《もの》）」でしょう。信長《のぶなが》はほとんど上半身裸同然《じょうはんしんはだかどうぜん》の格好《かっこう》で外《そと》を歩《ある》いたり、クリや柿《かき》を歩《ある》き食《ぐ》いしたり、父親《ちちおや》の葬式《そうしき》でもおかしな行動《こうどう》をとったり、異常《いじょう》な行動《こうどう》ばかりしていたため、そう呼《よ》ばれました。

つづいて第《だい》4位《い》は豊臣秀吉《とよとみひでよし》。「サル」のあだ名《な》で知《し》られる秀吉《ひでよし》ですが、それとは別《べつ》のあだ名《な》もありました。それは「ハゲネズミ」です。

「ハ、ハゲネズミ!」

「ハゲとネズミのダブル受賞《じゅしょう》じゃ!」

これはかつて秀吉《ひでよし》が浮気《うわき》をした際《さい》、信長《のぶなが》が秀吉《ひでよし》の妻《つま》（ねね）に送《おく》った手紙《てがみ》のなかでつかったあだ名《な》です。信長《のぶなが》は秀吉《ひでよし》のことをダサいあだ名《な》で呼《よ》ぶことで妻《つま》の機嫌《きげん》をやわらげようとしたそうです。

「サル」だったり、「ネズミ」だったり、秀吉《ひでよし》はチョロチョロと動《うご》きまわるのが好《す》きな人《ひと》だったのかもしれません（おまけにハゲてもおった！）。

つづいて第《だい》3位《い》は平野甚右衛門《ひらのじんえもん》です。あまり知《し》られていない人物《じんぶつ》ですが、彼《かれ》は信長《のぶなが》につかえた家臣《かしん》のひとりです。そんな甚右衛門《じんえもん》のあだ名《な》は「ちょっぽり甚右衛門《じんえもん》」です。

「ちょ、ちょっぽり？」

「『ちょっぽり』とは小《ちい》さいという意味《いみ》じゃ」

甚右衛門《じんえもん》はとても背《せ》が低《ひく》かったため、そう呼《よ》ばれました。しかし、彼《かれ》は小柄《こがら》にもかかわらず、馬廻《うままわ》り（大将《たいしょう》の馬《うま》の周囲《しゅうい》を警護《けいご》する役職《やくしょく》）に抜擢《ばってき》された人物《じんぶつ》でもあれば、その役職《やくしょく》のなかでもいちばんの実力《じつりょく》をほこる勇将《ゆうしょう》だったといわれています。

「ちょっぽりというひびきがランキング第《だい》3位《い》のポイントじゃ」

「たしかに、いろいろ笑《わら》いのネタにされそう……」

「さてと、タローくんもちょっぽり（ちょっぴり）宿題《しゅくだい》でもしてきなさい」

「って、さっそくネタにするな！」

つづいて第《だい》2位《い》は柴田勝家《しばたかついえ》です。信長《のぶなが》につかえていた勝家《かついえ》はその勇猛《ゆうもう》さから「鬼柴田《おにしばた》」というあだ名《な》で呼《よ》ばれていました。しかし、彼《かれ》には別《べつ》のあだ名《な》もありました。それは「かかれ柴田《しばた》」です。これは当時《とうじ》、織田家《おだけ》につかえていた武将《ぶしょう》をうたった歌《うた》からきています。

【かかれ柴田《しばた》に退《の》き佐久間《さくま》　米五郎左《こめごろうざ》に木綿藤吉《もめんとうきち》】

「かかれ柴田《しばた》」が勝家《かついえ》のことをいっています。つまり、戦《いくさ》において「かかれ！」と突進《とっしん》していく力《ちから》にすぐれていたため、そう呼《よ》ばれました。

そして、今回《こんかい》も「かかれ」という言葉《ことば》のひびきがランクインしたポイントです。たとえば、うるさいときは「だまれ柴田《しばた》」、止《と》まってほしいときは「止《と》まれ柴田《しばた》」と言《い》いかえることができます。ほかにも「はしれ柴田《しばた》」「わらえ柴田《しばた》」など、おもしろおかしく言《い》いかえられるあだ名《な》ということで第《だい》2位《い》となりました。

「ところで所長《しょちょう》、さっきの歌《うた》をよく見《み》ると、ほかのあだ名《な》もなかなかダサいですね！」

「たしかに。退《の》きはさておき、米《こめ》と木綿《もめん》は要《よう》チェックじゃ」

「退《の》き佐久間《さくま》」は戦《いくさ》で退却《たいきゃく》のうまかった佐久間信盛《さくまのぶもり》のことをいい、「米《こめ》」は米《こめ》のように大《たい》切《せつ》な丹羽長秀《にわながひで》（五郎左《ごろうざ》）、「木綿《もめん》」は木綿《もめん》のようにじょうぶな秀吉《ひでよし》（藤吉郎《とうきちろう》）という意味《いみ》でうたわれていました（これはこれで、なかなかのダサソングじゃな……）。

そして、第1位《だい》は荒木村重《あらきむらしげ》です。初《はじ》めて聞《き》く名前《なまえ》かもしれませんが、彼《かれ》が栄光《えいこう》のダサいあだ名《な》ランキング第1位《だい》の人物《じんぶつ》です。村重《むらしげ》は信長《のぶなが》の家臣《かしん》として摂津国《せっつのくに》（現在《げんざい》の大阪府北部《おおさかふほくぶ》と兵庫県南東部《ひょうごけんなんとうぶ》）を任《まか》された武将《ぶしょう》でした。ところがある日《ひ》、村重《むらしげ》は信長《のぶなが》に謀反《むほん》をおこし、お城《しろ》（有岡城《ありおかじょう》）にろう城《じょう》します。そんな村重《むらしげ》に対《たい》して信長《のぶなが》は、

『降伏《こうふく》して城《しろ》をあけわたせば妻《つま》と子供《こども》の命《いのち》は助《たす》けてやる！』

といいました。しかし、村重《むらしげ》はその申《もう》しでを断《ことわ》り、なおかつ妻《つま》も子供《こども》ものこしたまま、ひとりで別《べつ》のお城《しろ》（尼崎城《あまがさきじょう》）へとにげていきました。

「つまり、村重《むらしげ》は妻《つま》、子供《こども》、家臣《かしん》たちを見捨《みす》てたわけじゃ」

「そ、そんな……」

このとき、のこった妻《つま》や子供《こども》はみんな処刑《しょけい》されてしまいました。一方《いっぽう》で、その後《ご》の村重《むらしげ》はというと茶人《ちゃじん》になります。それも、千利休《せんのりきゅう》の弟子《でし》のなかでもとくに優秀《ゆうしゅう》な10人《にん》「利休十哲《りきゅうじってつ》」のひとりにも数《かぞ》えられるほどの茶人《ちゃじん》となりました。

「ちょっと、なにのんきにお茶《ちゃ》の人《ひと》になってるんですか！」

「いいえ、タローくん。彼《かれ》は決《けっ》してのんきではありませんよ」

村重《むらしげ》はずっと妻《つま》や子供《こども》を見捨《みす》てたことを忘《わす》れていませんでした。そのため、茶人《ちゃじん》となった村重《むらしげ》は過去《かこ》のあやまちを恥《は》じ、自分《じぶん》の名前《なまえ》を「荒木道糞《あらきどうふん》」と改《あらた》めます。意味《いみ》は「道《みち》ばたのウ○コ」です。

「ウ○コ！　それはさすがに自虐的《じぎゃくてき》すぎますよ！（しかも、あだ名《な》じゃなく本名《ほんみょう》だし……）」

「本名《ほんみょう》にみずから『道《みち》ばたのウ○コ』と名《な》づけたその自虐性《じぎゃくせい》が今回《こんかい》のランキング第《だい》1位《い》に選《えら》ばれたポイントじゃ」

「道糞様《どうふんさま》も過去《かこ》のことをずっとくやんでいたのですね……」

「ひきょう者《もの》」と呼《よ》ばれつづけた道糞《どうふん》は武将《ぶしょう》としての再起不能《さいきふのう》をさとり、茶人《ちゃじん》としてがんばることを決意《けつい》しました。

すると、そんな道糞《どうふん》にある日《ひ》、かつての仲間《なかま》である秀吉《ひでよし》から命令《めいれい》がくだります。

『おぬしはもう道糞《どうふん》ではない。明日《あした》からは道薫《どうくん》と名乗《なの》ってわしについてこい！』

秀吉《ひでよし》は道糞《どうふん》の過去《かこ》のあやまちをゆるし、自分《じぶん》につかえるようにいったそうです。この言《こと》

葉《ば》に過去《かこ》をひきずっていた道糞《どうふん》はなみだを流《なが》したといいます。

「いい話《はなし》だ……さすが秀吉様《ひでよしさま》（涙《なみだ》）」

「以上《いじょう》が今回《こんかい》のランキング結果《けっか》じゃ！」

各武将《かくぶしょう》にはそれぞれいろんなあだ名《な》がありますが、それはだれがつけてもよいものですので、読者《どくしゃ》のみなさんも好《す》きな武将《ぶしょう》ができた際《さい》はぜひ、自分《じぶん》だけのあだ名《な》で呼《よ》んでみてはいかがでしょうか（以《い》上《じょう》、「天下無敵《てんかむてき》の武将博士《ぶしょうはかせ》」こと所長《しょちょう》でした！）。

おわりに

みなさん、「空想武将研究所《くうそうぶしょうけんきゅうじょ》」は楽《たの》しんでいただけましたか？

好《す》きな戦国武将《せんごくぶしょう》は見《み》つかりましたか？

戦国時代《せんごくじだい》といえば、今《いま》から約《やく》５００年《ねん》も前《まえ》の時代《じだい》になりますので、それぞれの性格《せいかく》や逸《いつ》話《わ》が正確《せいかく》につたわっているとはかぎりません。しかし、だからこそ、いろんな空想《くうそう》をする楽《たの》しみもひろがります。


さいごにこんな「もしも……」はどうでしょうか。

【もしも、戦国武将《せんごくぶしょう》たちが「空想武将研究所《くうそうぶしょうけんきゅうじょ》」を読《よ》んだら？】

戦国武将《せんごくぶしょう》たちはどう思《おも》うでしょうか。「わしはそんなことせんぞ！」とおこられるかもしれませんし、「わしならもっとこうする！」と楽《たの》しんでもらえるかもしれませんね。

そんな戦国武将《せんごくぶしょう》にまつわる空想《くうそう》はまだまだたくさんありますので、みなさんもなにかアイデアがうかびましたら、ぜひ「空想武将研究所《くうそうぶしょうけんきゅうじょ》」までお知《し》らせください。楽《たの》しみにしております。

空想武将研究所《くうそうぶしょうけんきゅうじょ》・所長《しょちょう》　小竹洋介《こだけようすけ》

大募集《だいぼしゅう》

空想《くうそう》武将《ぶしょう》研究所《けんきゅうじょ》では
研究《けんきゅう》テーマを募集《ぼしゅう》しています！

同封《どうふう》されている読者《どくしゃ》カードの
「この本《ほん》を読《よ》んだ感想《かんそう》、この本《ほん》にでてくる
キャラクターについて自由《じゆう》に書《か》いてください。
イラストもOKです♪」という部分《ぶぶん》に

「もしも○○○○が○○○○だったら」

といったかたちで空想《くうそう》武将《ぶしょう》研究所《けんきゅうじょ》で
研究《けんきゅう》してほしいテーマを書《か》いて送《おく》ってください。
キミの送《おく》ってくれたテーマを研究所《けんきゅうじょ》で
研究《けんきゅう》して発表《はっぴょう》したいと考《かんが》えています！

たとえば
もしも織田信長《おだのぶなが》が
会社《かいしゃ》の社長《しゃちょう》だったら
どうなるのかな～!?

※いただいた個人情報は本企画以外の
目的で利用することはありません。

集英社みらい文庫

実況《じっきょう》！空想《くうそう》武将《ぶしょう》研究所《けんきゅうじょ》
もしも織田信長《おだのぶなが》が校長先生《こうちょうせんせい》だったら

小竹洋介《こだけようすけ》 作

フルカワマモる 絵

ファンレターのあて先
〒101-8050 東京都千代田区一ツ橋2-5-10 集英社みらい文庫編集部
いただいたお便りは編集部から先生におわたしいたします。

2017年5月31日 第1刷発行
2017年6月18日 第2刷発行

発行者 北畠輝幸
発行所 株式会社 集英社
〒101-8050 東京都千代田区一ツ橋2-5-10
電話 編集部 03-3230-6246
読者係 03-3230-6080
販売部 03-3230-6393(書店専用)
http://miraibunko.jp
装丁 小松昇（Rise Design Room） 中島由佳理
印刷 図書印刷株式会社 凸版印刷株式会社
製本 図書印刷株式会社

ISBN978-4-08-321373-1 C8221 N.D.C.913 170P 18cm

られるか――!
限界《げんかい》を超《こ》えた
ゲームがはじまる!
50
6
28
50人《にん》の小学生《しょうがくせい》が最後《さいご》の一人《ひとり》になるまで
ひとつの競技《きょうぎ》でたたかう大会《たいかい》、ラストサバイバル。
「最後《さいご》まで残《のこ》った優勝者《ゆうしょうしゃ》はなんでも願《ねが》いごとがかなう」という。
小《しょう》6の桜井《さくらい》リクは事故《じこ》にあった妹《いもうと》のために大会《たいかい》で優勝《ゆうしょう》をめざすが、
リクは妹《いもうと》を助《たす》けられるか…!?
おどろきのラストを見逃《みのが》すな!!
2017年《ねん》6月《がつ》23日《にち》(金《きん》)発《はつ》売《ばい》予《よ》定《てい》!

だれが歩《ある》き続《つづ》け
待《たい》望《ぼう》のシリーズスタート!!!
第《だい》5回《かい》
集英社《しゅうえいしゃ》みらい文庫大賞《ぶんこたいしょう》
優秀賞受賞《ゆうしゅうしょうじゅしょう》!
ラストサバイバル
生《い》き残《のこ》りゲーム
最後《さいご》まで歩《ある》けるのはだれだ!?
大久保開《おおくぼひらく》 作《さく》 北野詠一《きたのえいいち》 絵《え》

ヤミツキになる1冊《さつ》!!!

もしも…

小学生《しょうがくせい》で**ドライブシュート**をけることができたら…!?
天才《てんさい》**リオネル・メッシ**が右利《みぎき》きだったら…!?
C《クリスティアーノ》ロナウドと**メッシ**が同《おな》じチームになったら…!?
少年《しょうねん》サッカー**22人《にん》**vsプロサッカー**4人《にん》**で試合《しあい》をしたら…!?
小学生《しょうがくせい》が**FIFA《フィファ》ワールドカップ**に出場《しゅつじょう》できるとしたら…!?
人類最速《じんるいさいそく》**ウサイン・ボルト**がサッカー選手《せんしゅ》だったら…!?
プロ野球《やきゅう》の**大谷翔平《おおたにしょうへい》**がサッカー選手《せんしゅ》だったら…!?
マンガ『**キャプテン翼《つばさ》**』の登場人物《とうじょうじんぶつ》が実在《じつざい》したら…!?
FIFA《フィファ》ワールドカップが**富士山《ふじさん》の頂上《ちょうじょう》**で開催《かいさい》されたら…!?
FIFA《フィファ》ワールドカップが**巨大冷蔵庫《きょだいれいぞうこ》**で開催《かいさい》されたら…!?
J《ジェイ》リーグに**ドラフト制度《せいど》**があったら…!?

戦国武将《せんごくぶしょう》がW杯《ワールドカップ》で監督《かんとく》になったら!?
そんな研究《けんきゅう》もしちゃいますよ～!

徳川家康《とくがわいえやす》＝ポルトガル代表《だいひょう》
豊臣秀吉《とよとみひでよし》＝中国代表《ちゅうごくだいひょう》
武田信玄《たけだしんげん》＝ブラジル代表《だいひょう》
上杉謙信《うえすぎけんしん》＝アルゼンチン代表《だいひょう》
毛利元就《もうりもとなり》＝イングランド代表《だいひょう》
伊達政宗《だてまさむね》＝スペイン代表《だいひょう》
天草四郎時貞《あまくさしろうときさだ》＝イタリア代表《だいひょう》
坂本龍馬《さかもとりょうま》＝オランダ代表《だいひょう》
西郷隆盛《さいごうたかもり》＝ドイツ代表《だいひょう》
ペリー＝アメリカ代表《だいひょう》

「みらい文庫《ぶんこ》」読者《どくしゃ》のみなさんへ

言葉《ことば》を学《まな》ぶ、感性《かんせい》を磨《みが》く、創造力《そうぞうりょく》を育《はぐく》む……、読書《どくしょ》は「人間力《にんげんりょく》」を高《たか》めるために欠《か》かせません。
たった一枚《いちまい》のページをめくる向《む》こう側《がわ》に、未知《みち》の世界《せかい》、ドキドキのみらいが無限《むげん》に広《ひろ》がっている。
これこそが「本《ほん》」だけが持《も》っているパワーです。

学校《がっこう》の朝《あさ》の読書《どくしょ》に、休《やす》み時間《じかん》に、放課後《ほうかご》に……。いつでも、どこでも、すぐに続《つづ》きを読《よ》みたくなるような、魅力《みりょく》に溢《あふ》れる本《ほん》をたくさん揃《そろ》えていきたい。読書《どくしょ》がくれる、心《こころ》がきらきらしたり胸《むね》がきゅんとする瞬間《しゅんかん》を体験《たいけん》してほしい、楽《たの》しんでほしい。みらいの日本《にほん》、そして世界《せかい》を担《にな》うみなさんが、やがて大人《おとな》になった時《とき》、「読書《どくしょ》の魅力《みりょく》を初《はじ》めて知《し》った本《ほん》」「自分《じぶん》のおこづかいで初《はじ》めて買《か》った一冊《いっさつ》」と思《おも》い出《だ》してくれるような作品《さくひん》を一所懸命《いっしょけんめい》、大切《たいせつ》に創《つく》っていきたい。

そんないっぱいの想《おも》いを込《こ》めながら、作家《さっか》の先生方《せんせいがた》と一緒《いっしょ》に、私《わたし》たちは素敵《すてき》な本作《ほんづく》りを続《つづ》けていきます。「みらい文庫《ぶんこ》」は、無限《むげん》の宇宙《うちゅう》に浮《う》かぶ星《ほし》のように、夢《ゆめ》をたたえ輝《かがや》きながら、次々《つぎつぎ》と新《あたら》しく生《う》まれ続《つづ》けます。

本《ほん》を持《も》つ、その手《て》の中《なか》に、ドキドキするみらい――。
本《ほん》の宇宙《うちゅう》から、自分《じぶん》だけの健《すこ》やかな空想力《くうそうりょく》を育《そだ》て、〝みらいの星《ほし》〟をたくさん見《み》つけてください。
そして、大切《たいせつ》なこと、大切《たいせつ》な人《ひと》をきちんと守《まも》る、強《つよ》くて、やさしい大人《おとな》になってくれることを心《こころ》から願《ねが》っています。

２０１１年《ねん》　春《はる》

集英社《しゅうえいしゃ》みらい文庫編集部《ぶんこへんしゅうぶ》